DIE VERTRÄGE DER POST
IHRE ERFÜLLUNG
UND DIE RECHTSLAGE DES EMPFÄNGERS

UNTER DER WIRKUNG EINES ZWISCHEN EMPFÄNGER UND POST ABGESCHLOSSENEN ABKOMMENS AUF ÜBERLASSUNG

EINES

POSTSCHLIESSFACHS

VON

DR. IUR. HANNO MÜLLER

LEIPZIG
VERLAG VON VEIT & COMP.
1908

Leipziger juristische Inauguraldissertation

Druck von Metzger & Wittig in Leipzig.

Inhalt.

Unter **Postschließfächern** — vor ihrer Einführung durch die Reichspostverwaltung allgemeiner bekannt unter dem Namen letter-boxes — versteht man verschließbare, vom Empfänger zu leerende, im Gebäude der Postanstalt untergebrachte **Abholungsfächer** für gewisse, von der Postverwaltung bestimmte Arten von Postsendungen bzw. für Ablieferungsscheine zu Wert- und Einschreibbriefen, für Postanweisungen und Paketadressen. Jene Bezeichnung ist die offizielle, vom Reichspostamt erfundene und eingeführte. Die Einrichtung dieser Fächer, die zuerst von der nordamerikanischen Postverwaltung aufgebracht worden ist, besteht im Gebiete der Reichspostverwaltung erst seit 1901; probeweise waren solche nur in Bremen seit 1878 und in Mannheim seit 1882 in Benutzung, jedoch nur für gewöhnliche Briefsendungen und Zeitungen, nur in Bremen außerdem für Ablieferungsscheine zu Einschreibbriefsendungen. Der Hauptgrund dieser Rückständigkeit gegenüber vielen anderen Postverwaltungen lag in der Bestimmung des § 8 des PTG. vom 28. Oktober 1871, dessen Abs. 2 lautete:

> „Gebühren für Postscheine über die Einlieferung von Sendungen zur Post und Gefachgebühren für abzuholende Briefe oder sonstige Gegenstände, desgleichen Packkammergeld, kommen nicht zur Erhebung.“

Die Postverwaltung hätte also ein Entgelt für die Fächer nicht fordern dürfen; unentgeltliche Überlassung aber hätte der Verwaltung zu große Opfer an Einrichtungs- und Unterhaltungskosten auferlegt. Es bedurfte demnach vorerst einer Gesetzesänderung.

Nach einer von vielen Seiten, insbesondere Handelskreisen unterstützten Anregung der Handelskammer Frankfurt a. O. 1899 und nach Besprechung dieses Gegenstandes auf einer Konferenz von höheren Postbeamten mit Vertretern des Handels und der Industrie im Winter 1899 legte das Reichspostamt einen Gesetzesentwurf betr. Abänderung des § 8 PTG. dem Bundesrat vor. Der Entwurf erhielt nach seiner Annahme auch im Reichstag Gesetzeskraft unter dem 11. März 1901. § 8 Abs. 2 lautet jetzt:

„Gebühren für ... kommen nicht zur Erhebung, ebensowenig Fachgebühren für abzuholende Briefe und sonstige Gegenstände, sofern nicht die Postverwaltung dem Empfänger auf seinen Antrag ein ihm unmittelbar zugängliches, verschließbares Abholungsfach überläßt. Die Bedingungen für die Überlassung solcher Fächer werden durch die Postordnung festgesetzt."

Die Einführung der Schließfächer erfolgte darauf binnen kurzem nach entsprechender Änderung der PO. durch den Reichskanzler mittels Verordnung vom 8. April 1901, veröffentlicht im Zentralblatt f. d. Deutsche Reich am 19. April 1901, in Kraft getreten am 1. Mai 1901, sowie nach Erlassung der Ausführungsbestimmungen hierzu durch das Reichspostamt.

Zur Veranschaulichung der Einrichtung sei folgendes bemerkt.

Der Zweck der Postschließfächer besteht darin, das nach § 48 PG. in Verbindung mit § 42 PO. zulässige Abholungsverfahren, in dem der Empfänger nach Abgabe einer entsprechenden schriftlichen Erklärung sämtliche oder einen Teil seiner Postsendungen abholt oder abholen läßt, praktischer und vorteilhafter zu gestalten: Empfänger, für die es von großem wirtschaftlichen Nutzen ist, möglichst rasch in den Besitz der für sie bestimmten Postsendungen zu gelangen, wie Kaufleute, Fabrikanten, Buchhändler, Banken, Agenten, Verleger usw., sollen eher, als es bei Bestellung möglich ist, und zu Zeiten, zu denen wegen Schalterschlusses im gewöhnlichen Abholungsverfahren der Empfänger seine Sendungen nicht erlangen kann, zu diesen kommen können. Abgesehen von der schon für das gewöhnliche Abholungsverfahren geltenden Bestimmung der PO. § 42 VI, wonach die Verteilung der gewöhnlichen Briefsendungen (§ 1 PO.) $^1/_2$ Stunde nach Eingang der Post beendet sein muß, soll jener Zweck insbesondere dadurch erreicht werden, daß der Empfänger auch außerhalb der Schalterstunden zu jeder Stunde des Tages, zu früheren und späteren Stunden als Bestellungen erfolgen, seine Sendungen in die Hände bekommen kann. Es sind deshalb die Schließfächer gegebenen Falls von früh 6 Uhr bis abends 10 Uhr zugänglich zu halten, vor allem auch an Sonn- und Festtagen während eines großen Teiles des Tages. Auch wird durch das Schließfachverfahren der bei Schalterabholung übliche Massenandrang der Abholer beseitigt und noch eine größere Beschleunigung der Abholung erzielt, da viele Abholer gleichzeitig ihr Fach leeren können, während sie am Schalter der Reihe nach ihre Sendungen erhalten würden. In gewisser Beziehung wird auch eine Vereinfachung des Dienstbetriebes gegenüber der Ausgabe der Sendungen erzielt.

Was die äußere Einrichtung anlangt, die für die Beurteilung gewisser Rechtsfolgen nicht unwesentlich ist, so werden die Schließfächer — etwa 14 cm hoch, 11 cm breit und 36 cm tief, für Abholer mit lebhaftem Verkehr u. U. etwas größer — in einer Wand zwischen dem Briefausgabezimmer und dem Schalterraum hergestellt, im Gegensatz zur gewöhnlichen Abholung, wo die auszugebenden Sendungen in einem nahe dem Ausgabeschalter innerhalb der Diensträume stehenden Fächerschrank zur Abholung bereit gehalten und an den sich meldenden Abholer am Schalter ausgehändigt werden. Von dem Dienstzimmer aus werden die für das Schließfach bestimmten Sendungen in die dort mit dem Namen der Abholer bezeichneten Fächer verteilt. Diese sind an der dem Publikum zugänglichen Seite mit einer verschließbaren Tür versehen, die eine Nummer trägt. Das Schloß, ein kunstvoller Yaleverschluß, eines jeden Faches ist von dem aller anderen Fächer verschieden. Jedem Teilnehmer wird ein besonderes Fach nebst Schlüssel überwiesen.[1]

Eine nach den Verhältnissen ganz verschiedene Anzahl von Schließfächern bilden einen Schließfachschrank, der in die Schalterwand eingefügt und mit dem Mauerwerk oder den Holzteilen der Schalteranlage fest verbunden wird. Die Rückseite der Fächer — also die nach dem Dienstzimmer gehende — ist durch aufschlagende ein- oder zweiflügelige Türen oder Einschiebetüren verschließbar, die alle, um durchsichtig zu sein, aus einem großen

[1] Archiv f. Post u. Telegraphie 1901, S. 162.

Rahmen mit Drahtgeflecht bestehen und deren jede immer einer größeren Anzahl Fächer, meist einem ganzen Schließfachschrank im ganzen einen Rückverschluß geben. Alle Arten Rückverschlüsse sollen durch ein Sicherheitsschloß in einfacher Weise abgeschlossen werden können und sind nach Beendigung der Verteilung zu schließen.[1]

Einleitung.

Das Abkommen auf Überlassung eines Postschließfaches kommt auf folgende Weise zustande. Der Empfänger reicht einen darauf gerichteten schriftlichen Antrag an die Postanstalt seines Wohnortes ein unter Beifügung

1. einer Abholungserklärung nach Maßgabe des § 42 I PO.,[2]
2. einer Bescheinigung über Empfang einer Anweisung über das bei Leerung des Faches zu beobachtende Verfahren, der zum Fach gehörenden zwei oder, wenn es der Empfänger wünscht, mehr Schlüssel dazu, und
3. einer Erklärung darüber, daß er die Verpflichtung übernimmt zur Beobachtung aller einschlägigen Vorschriften und zur Instandsetzung der durch sein Verschulden etwa erforderlich werdenden Instandsetzung, Erneuerungen oder Veränderungen des Schlosses und der Schlüssel auf seine Kosten.

Diese Form des Antrages ist nicht durch die PO. bestimmt, die vielmehr als „Bestandteil des Vertrages zwischen Post und Absender" (§ 50 PG.) nur die allgemeine materiellrechtliche Grund-

---

[1] Archiv 1907, S. 239 f.; Deutsche Verkehrszeitung 1901, S. 332/33.

[2] PO. § 42 I: Der Empfänger, welcher von der Befugnis, seine Postsendungen abzuholen oder abholen zu lassen, Gebrauch machen will, muß dies in einer schriftlichen Erklärung in der von der Postverwaltung vorgeschriebenen Fassung aussprechen und diese Erklärung bei der Postanstalt niederlegen. Hinsichtlich der Beglaubigung der Unterschrift unter der Erklärung gelten die Vorschriften des § 39 III. Die Postbehörde ist berechtigt, anzuordnen, daß dieselbe Person sich höchstens zur Empfangnahme der für drei Abholer eingegangenen Postsendungen melden darf.

Die Abholung von Postsendungen bei Posthilfstellen ist ohne Abgabe einer schriftlichen Abholungserklärung gestattet.

lage für die Abholung überhaupt in § 42 I, für die Abholung auf Grund eines Schließfachabkommens in § 42 II, III gegeben und über letzteres die Absätze II und III[1] durch die Verordnung des Reichskanzlers vom 8. April 1901 — dies ist die durch § 50 PG. vorgeschriebene gesetzliche Form für rechtsgültige Abänderungen der PO. — erhalten hat. Jene Form aber ist bestimmt im Wege der Dienstinstruktion — und zwar durch verfügende Ausführungsbestimmungen zu § 42 II, III PO. des Staatssekretärs des Reichspostamts[2] —, die besagt, die Postanstalt darf auf nicht in der geforderten Form gestellte Anträge nicht eingehen.

Was die Annahme des Antrages durch die Post anlangt, so bestimmt hierüber als über etwas Materiell-Rechtliches wieder die PO.: Die Post ist nicht verpflichtet, dem Antrage zu entsprechen. Doch wird selbstverständlich eine Zurückweisung nur

---

[1] § 42 PO. II: Die Aushändigung erfolgt entweder am Postschalter innerhalb der Postschalterdienststunden (§ 30 II) oder, wenn die Postbehörde dem Abholer auf besonderen Antrag ein verschließbares Abholungsfach (Schließfach) überlassen hat, durch Einlegen in dieses Fach, dessen Leerung durch den Abholer nach besonderer Festsetzung der Postverwaltung auch außerhalb der Postdienststunden zulässig ist. Auch bei Überlassung eines Schließfachs müssen Sendungen, die ihres Umfanges wegen nicht darin aufgenommen werden können, Nachnahmesendungen und mit Porto belastete Sendungen, wenn der Empfänger das Porto nicht stunden läßt, am Postschalter in Empfang genommen werden.

III: Für die Überlassung eines verschließbaren Abholungsfachs nebst zwei Schlüsseln wird eine jährliche Gebühr von 12 Mk. bei gewöhnlicher Größe und 18 Mk. bei größerer Abmessung erhoben. Die Gebühr ist vierteljährlich im voraus zu entrichten. Die Überlassung geschieht zunächst auf die Dauer eines Jahres. Fällt der Endpunkt nicht mit dem Ablauf eines Kalendervierteljahres zusammen, so dauert die Überlassung bis zum Ablaufe des Vierteljahres. Erfolgt nicht drei Monate vorher eine schriftliche Kündigung, so verlängert sich die Überlassung auf unbestimmte Zeit unter Vorbehalt einer dreimonatigen, nur zum Ende eines Kalendervierteljahres zulässigen schriftlichen Kündigung.

Eine Verpflichtung zur Überlassung von Schließfächern besteht für die Postverwaltung nicht. Diese ist auch berechtigt, die Überlassung eines Faches jederzeit ohne Kündigung zurückzuziehen; alsdann wird die erhobene Gebühr u. U. verhältnismäßig zurückgezahlt.

[2] Als „Grundsätze für die Überlassung verschließbarer Abholungsfächer“, abgedruckt im Anhang I.

aus besonderen Gründen erfolgen; denn die Dienstinstruktion geht wieder dahin, dem Publikum, dessen Zwecken die Post dienen soll, so weit entgegenzukommen, als es der Dienstbetrieb zuläßt. In der Regel erhält also der Empfänger die Erklärung, daß seinem Antrage entsprochen werde, und er erhält die Sachen, über die er bereits eine Empfangsbescheinigung seinem Antrage beigefügt hatte, ausgehändigt und ein Fach angewiesen.

Die für das Schließfachverfahren scheinbar nur in der Form der Dienstinstruktion aufgestellte Forderung der Post auf Abgabe einer Abholungserklärung, wie sie PO. § 42 I für das gewöhnliche Abholungsverfahren des § 48 PG. bestimmt, könnte auf den ersten Blick befremden. Diese Dienstinstruktion findet aber ihre Rechtfertigung darin, daß materiell-rechtlich jene Abholungserklärung als Grundlage auch für den Abschluß eines Schließfachabkommens anzusehen ist und demnach auch § 42 I PO. für letzteres gilt. Denn rein tatsächlich holt auch hier der Empfänger zufolge eigenen Willens seine Postsendungen sich ab, befreit also auch hier die Post von der dieser dem Absender gegenüber obliegenden Verpflichtung zur Beförderung der Sendungen bis in die Wohnung des Empfängers. Diese Rechtshandlung, die im gewöhnlichen Abholungsverfahren durch Abgabe der Abholungserklärung zum Ausdruck kommt, muß der Absender gegen sich gelten lassen, da auf Grund des PG. § 48 [1] im Vertrage zwischen ihm und der Post, der in den Bestimmungen des PG. und der PO. ein für alle Male festgelegt ist, dem Empfänger ein Recht, gewissermaßen an Stelle des Absenders auf Bestellung in der Wohnung des Empfängers zu verzichten, zugestanden ist. Damit aber, daß die Abholung beim Schließfachverfahren genau denselben Verzicht des Empfängers nach § 48 PG. auf Erfüllung einer der Post an sich obliegenden Verpflichtung bedeutet, ist auch die Notwendig-

---

[1] „Die Postverwaltung ist für die richtige Bestellung nicht verantwortlich, wenn der Adressat erklärt hat, die an ihn eingehenden Postsendungen selbst abzuholen oder abholen zu lassen. Auch liegt in diesem Falle der Postanstalt eine Prüfung der Legitimation desjenigen, welcher sich zur Abholung meldet, nicht ob, sofern nicht auf den Antrag des Adressaten zwischen diesem und der Postanstalt ein desfallsiges besonderes Abkommen getroffen worden ist.“

keit einer Abholungserklärung im Sinne von § 48 PG. jcto § 42 I PO. gegeben, und zwar „in der von der Postverwaltung vorgeschriebenen Fassung“.[1]

Äußerlich kommt die Tatsache, daß für ein Schließfachabkommen die Abholungserklärung nach § 48 PG. jcto § 42 I PO. die notwendige Grundlage bilden muß, dadurch zum Ausdruck, daß die das Schließfachabkommen betreffenden Bestimmungen sich im Abschnitt „Abholung von Postsendungen“, wie § 42 PO. überschrieben ist, finden, der unter I die allgemeinen Vertragsregeln über die Abholungserklärung aufstellt, während in II und III auch der Fall noch besonders ins Auge gefaßt wird, daß dem abholenden Empfänger ein Schließfach überlassen ist.

Das Schließfachverfahren stellt sich also dar als ein modifiziertes gewöhnliches Abholungsverfahren nach § 48 PG. jcto § 42 I PO.

Auf welche Sendungen erstreckt sich nun das Schließfachabkommen und welche Gegenstände sind hiernach geeignet, in das Schließfach eingelegt zu werden?

Es liegt die Annahme nahe, daß dieselben Sendungen, auf die das gewöhnliche Abholungsverfahren anwendbar ist, auch dem Schließfachverfahren unterworfen werden könnten. Dies trifft im allgemeinen zu, jedoch ist deshalb nicht gesagt, daß auch alle Gegenstände, die abgeholt werden können, oder auch nur alle, für die das Schließfachverfahren von bestimmter Bedeutung ist, in das Fach eingelegt werden können. So werden bei Wert- und Einschreibbriefsendungen nur Ablieferungsscheine, die bei gewöhnlicher Abholung ebenfalls zunächst allein abgeholt und ausgehändigt werden, in das Fach eingelegt, dagegen werden die zugehörigen Sendungen in der Folge am Schalter ausgehändigt. Andererseits sind auch die der gewöhnlichen Abholung nicht unterworfenen Telegramme geeignet zur Abholung im Schließfachverfahren und zur Einlegung in das Fach.

Von beiden Arten der Abholung kann seitens des Empfängers gleichermaßen für folgende drei Gruppen von Sendungen Gebrauch gemacht werden:

---

[1] Siehe Anhang I.

1. Gewöhnliche Briefsendungen jeder Art,
2. Einschreibsendungen und Sendungen mit Wertangabe sowie Postanweisungen,
3. gewöhnliche Pakete,

wozu im Schließfachverfahren treten

4. Telegramme.

Eine Auswahl der Sendungen innerhalb dieser Gruppen ist unzulässig; doch steht es im Belieben des Empfängers, auf welche und wieviele dieser Gruppen er die Abholung bzw. das Schließfachabkommen erstrecken will.

Hingegen ist das Schließfachverfahren nicht in dem Sinne auf alle diese Sendungen anwendbar, daß sie auch geeignet wären, in das Schließfach eingelegt zu werden. Eingelegt werden vielmehr nur von

Gruppe 1: die Sendungen selbst,
„ 2: die Ablieferungsscheine, bei Wertpaketsendungen die Paketadressen, sowie die Postanweisungen,
„ 3: die Paketadressen,
„ 4: die Telegramme selbst.

Von Gruppe 1 aber können auch nur die Sendungen eingelegt werden, die nach Größe und Umfang in das Fach des Empfängers hineinpassen, auf andere findet das gewöhnliche Abholungsverfahren Anwendung. Bezüglich solcher Sendungen und ferner der mit Nachnahme belasteten gewöhnlichen Briefsendungen werden sogenannte „Benachrichtigungskarten“ mit dem Vermerk: „Weitere Sendungen am Schalter“ in das Fach eingelegt.

Postanweisungen und Paketadressen sind stets einlegfähig, da sie ihrer vorschriftsmäßigen Größe nach in jedes Fach passen und auch die von der Privatindustrie hergestellten Formulare den Anforderungen der von der Postverwaltung gelieferten entsprechen müssen. Bei den folgenden Erörterungen wird ein Schließfachabkommen vorausgesetzt, das vom Empfänger auf alle zulässigen Arten Sendungen erstreckt ist.

Da die Abholungserklärung des Empfängers eine der wichtigsten Pflichten der Post, die ihr bezüglich aller Arten von Sendungen aus ihren Verträgen mit dem Absender obliegt, nämlich die Pflicht zur Bestellung, aufhebt, ergibt sich ohne weiteres, daß dadurch die Erfüllung der Verträge eine wesentliche Modifikation erfahren muß gegenüber der regelmäßigen Erfüllung, d. h. gegenüber den Fällen, in denen der Empfänger auf die Bestellung nicht verzichtet. Das Schließfachverfahren wiederum bildet eine Modifikation des Abholungsverfahrens insbesondere dadurch, daß es eine unmittelbare Behändigung der abzuholenden Gegenstände an den Empfänger beseitigt und an ihre Stelle eine Einlegung in das Fach tritt. Auch hierdurch muß die Erfüllung der Vertragspflichten der Post wiederum eine Variation erfahren.

In welcher Weise sich nun die Rechtslage des Kontrahenten der Post in ihren Verträgen, d. i. des Absenders, aus diesen doppelten Modifikationen gestaltet, welche Rechte und Pflichten und Ansprüche daraus für ihn bzw. die Post entstehen im Vergleiche zu seiner Rechtslage in den Fällen regelrechter Vertragserfüllung, dies soll im folgenden untersucht werden. Hierzu ist zunächst festzustellen, welche Pflichten der Post aus ihren Verträgen an sich erwachsen.

Wird hiermit die eine der drei Rechtsbeziehungen, die zwischen den drei in Frage kommenden Rechtssubjekten möglich sind, erörtert, nämlich die zwischen Post und Absender, so erhebt sich darauf weiter die Frage der Rechtslage des Empfängers zufolge seiner sich auf das Schließfachabkommen gründenden rechtlichen und tatsächlichen Beziehungen zur Post und zum Schließfach. Die hier auftauchenden Fragen sollen in der zweiten Abteilung behandelt werden.

Eine dritte an sich vorhandene Beziehung, nämlich des Empfängers zum Absender, kommt nicht besonders in Betracht, da die vom Absender beabsichtigten Rechtsveränderungen zwischen ihm und dem Empfänger und deren Eintritt bereits durch die Erörterung der beiden anderen Rechtsverhältnisse ihre Klarstellung erfahren werden, im übrigen aber eine unmittelbare Beziehung zwischen Absender und Empfänger weder in den Verträgen der Post, noch durch den Abschluß des Schließfachabkommens zwischen Empfänger und Post hergestellt wird, die beiden anderen Rechtsbeziehungen vielmehr nur das Mittel sind, durch das die vom Absender beabsichtigten Rechtsveränderungen zwischen ihm und dem Empfänger herbeigeführt werden sollen und werden.

A. Die Verträge der Post unter der Wirkung des Schließfachabkommens.

I. Die Verträge im allgemeinen.

I. In allen Verträgen, die die Post gemäß dem Gesetz über das Postwesen des Deutschen Reichs in Verbindung mit der Postordnung für das Deutsche Reich abschließt, abgesehen von den hier ganz außer Betracht bleibenden Personenbeförderungsverträgen, übernimmt sie eine Verpflichtung zur Beförderung einer Sache. Denn alle Verträge der Post der bezeichneten Art bezwecken eine räumliche Übermittelung von Sachen. Doch ist dieser Zweck keineswegs bei allen den verschiedenen Arten der Verträge in gleicher Weise der alleinige, ja nicht einmal der Hauptzweck; entsprechend stellt sich dann die Verpflichtung zur Beförderung nicht als die hauptsächlichste, für die juristische Beurteilung des Vertrages wesentlichste dar. Bei den Verträgen letzterer Art ist ihr Zweck ein über den bloßer Beförderung hinausgehender, umfassenderer, höherer, zu dessen Erreichung die Beförderung mit dienen muß; demgemäß geht hier die Verpflichtung der Post auf Erreichung dieses höheren Zweckes und erscheint die Verpflichtung zur Beförderung nur als ein notwendiger Bestandteil oder als Folge ihrer weitergehenden Verpflichtung. Alleiniger Zweck ist die Beförderung zweifellos in den die einfachen Brief- und Paketsendungen betreffenden Verträgen. Hingegen ist schon beim Postzeitungsgeschäft der Zweck ein anderer, den der Beförderung nur nach sich ziehender. Bei Postaufträgen ist die Einziehung von Geldbeträgen oder die Einholung von Wechselakzepten, bei Postnachnahmen die Einhebung eines Geldbetrages gegen Aushändigung einer Sendung der Hauptzweck, dem die Beförderung dienen muß. Endlich beim Postanweisungsgeschäft ist der Zweck die Vollziehung eines eigenartigen Geldgeschäftes, wobei die Verpflichtung der Post zur Beförderung einer Sache ganz nebensächlich ist, wie sich darin zeigt, daß erstens der eigentliche Gegenstand des Vertrages, das Geld, gar nicht zur Beförderung gelangt, das zur Beförderung kommende Postanweisungsformular aber nach § 20 VIII PO. mit der Einlieferung in das Eigentum der Postverwaltung übergeht, die Post sonach eine eigene Sache befördert, und daß vor allem zweitens genau die gleichen Rechtsfolgen herbeigeführt werden können ohne körperliche Beförderung, nämlich durch telegraphische Überweisung der Anweisungsbeträge.

Man kann hiernach die Verträge der Post nicht kurzweg unter dem Namen „Postbeförderungsverträge" zusammenfassen wollen, wie es in der Literatur zuweilen geschieht, z. B. zieht FROMMER[1] die Postanweisungsverträge, die gerade am wenigsten den Charakter eines Beförderungsvertrages an sich tragen, zu jenen, und HELLWIG[2] führt zum mindesten mißverständlich, weil mit seiner sonstigen Einteilung der Verträge der Post (s. u.) in Widerspruch stehend, als Gegenstände des Postbeförderungsvertrages auf „Briefe, Postkarten, Pakete und Zeitungen", während er wahrscheinlich „Drucksachen" meint.

Der Beförderungsvertrag ist nun der auch Personenbeförderung umfassende Oberbegriff zum Frachtvertrag, welcher nur die Beförderung von Sachen betrifft. Mit „Postfrachtverträgen" aber hat man lange Zeit, während das alte Handelsgesetzbuch kraft positiver Bestimmung des Art. 421 auf Verträge der Post Anwendung fand, wenn auch nur, soweit nicht Postspezialrecht die Anwendung der Normen des HGB. ausschloß, die rein auf Beförderung von Briefsendungen und Paketen, einschließlich eingeschriebener und Wertsendungen, gerichteten Verträge der Post bezeichnet, die man ganz mit Recht als von der Post geschlossene Frachtgeschäfte[3] des HGB. charakterisierte. Eine Ausdehnung des Oberbegriffes zu diesen Frachtverträgen, also des Postbeförderungsvertrages, auf die Verträge, bei denen die Beförderung gar nicht der alleinige und der Hauptzweck ist und

---

[1] A a. O. S. 28, 40.

[2] A. a. O. S. 517.

[3] Der Name „Postfrachtgeschäft" stammt von KOMPE: „Zur Lehre vom Postfrachtgeschäft" in der Zeitschrift f. d. gesamte Handelsrecht, Bd. 11, 1868, S. 7 f. Er wollte allerdings die gewöhnliche Briefpost nicht darunter fassen, indem er sie von den Bestimmungen des HGB. deshalb ausschließen zu müssen glaubte, weil einfache Briefsendungen nicht Güter im Sinne des Art. 390 HGB. seien und daher nicht als Objekte eines Frachtgeschäfts erscheinen könnten, — eine Ansicht, die das Reichsoberhandelsgericht ausdrücklich abgelehnt hat. (SCHMIDT, S. 4.)

deren juristische Natur deshalb auch weit vom einfachen Frachtvertrag entfernt ist, ist daher auch in der historischen Entwicklung der Begriffe nicht begründet.[1]

Eine Einteilung der Verträge der Post im Sinne dieser Ausführungen gibt HELLWIG,[2] nämlich in:

1. Postbeförderungsverträge (von denen die über Personenbeförderung hier nicht interessieren), und zwar über Briefe, Postkarten, Pakete und Zeitungen,[3]

2. Geldübermittelungsgeschäfte (gewöhnliche und telegraphische Postanweisung),

3. Eine Gruppe Dienstverträge des Deutschen Bürgerlichen Gesetzbuches:

a) Postauftrag, d. i. Übernahme der Einziehung von Geldbeträgen und Einholung von Wechselakzepten,

b) dessen Abart, die Postnachnahme (Einziehung eines Betrages gegen Aushändigung einer Sendung) und

c) das Postzeitungsdebit, Zeitungsvertrieb, d. i. die Übernahme der Besorgung des Abschlusses von Verträgen auf den Bezug periodischer Druckschriften.

Diese besondere Klassifizierung des Zeitungsgeschäftes unter 3 a läßt die oben (S. 11) ausgesprochene Vermutung, daß HELLWIG mit „Zeitungen" unter 1. Drucksachen meint, gerechtfertigt erscheinen.

Ich schließe mich für das Folgende dieser Einteilung HELLWIGS an, doch macht sich

1. für die Postbeförderungsverträge eine Untereinteilung nötig in solche über

a) Briefsendungen im Sinne des § 1 I PO., das sind Briefe, Postkarten, Drucksachen, Geschäftspapiere und Warenproben,

---

[1] Daß PO. § 1 sagt: „Zur Beförderung als Postsendungen sind unter den nachfolgenden Bestimmungen zulässig: 1. Briefe, 2. Pakete, 3. Postanweisungen, 4. Zeitungen, die im Wege des Postzeitungsvertriebes zur Beförderung gelangen", steht diesen Ausführungen nicht entgegen; es kommt in § 1 nur zum Ausdruck, daß bei allen genannten Gegenständen die Beförderung eine gewisse Rolle spielt. Die juristische Beurteilung der Verträge ist davon unabhängig.

[2] A. a. O. S. 517.

[3] Über die Unklarheit dieses Ausdrucks vgl. S. 11 und unten unter 3.

b) eingeschriebene Briefsendungen [wiederum in vorstehendem Sinne unter a)] und Briefe mit Wertangabe,

c) Pakete,

d) eingeschriebene Pakete und solche mit Wertangabe,

e) zollpflichtige Pakete.

Hinsichtlich

2. der Geldübermittlungsgeschäfte ist die Einteilung in gewöhnliche und telegraphische Postanweisungen für das Folgende ohne Bedeutung, da bei letzterer am Bestimmungsort ein Telegramm ausgefertigt wird, das in derselben Weise weiter behandelt wird wie eine wirklich beförderte gewöhnliche Postanweisung.

Von den von Hellwig als eine Gruppe Dienstverträge zusammengefaßten Verträgen der Post sind in Wahrheit nur Postauftrags- und Postnachnahmevertrag Dienstverträge, während sich das Zeitungsgeschäft als Werkvertrag darstellt, bei dem der herbeizuführende Erfolg über den bloßen Beförderungserfolg der 1. Gruppe hinausgeht (denn auch die Beförderungsverträge sind Werkverträge). Die Gründe dieser abweichenden Auffassung sind bei der Erörterung des juristischen Charakters der Verträge darzulegen. Die 3. Gruppe Hellwigs löst sich daher auf in

3. das Zeitungsgeschäft,

4. Postauftrag und Postnachnahme.

Von den Verträgen der 4. Gruppe kommt für das Schließfachverfahren die Postnachnahme nur insofern in Betracht, als das Vorliegen einer mit Nachnahme belasteten gewöhnlichen Briefsendung dem abholenden Empfänger durch Einlegen einer „Benachrichtigungskarte" in das Fach mitgeteilt wird. Der Postauftrag scheidet für das Schließfachverfahren ganz aus, da auf ihn wegen seiner äußeren Gestaltung das gewöhnliche Abholungsverfahren wie das Schließfachverfahren völlig unanwendbar ist; er ist daher auch nicht für letzteres zugelassen.

II. Wenn eben eine Gruppe der Verträge als Dienst- bzw. Werkverträge bezeichnet werden konnte, so ist hierfür Voraussetzung, daß es sich bei den Verträgen der Post um privatrechtliche Verträge handelt. Und in der Tat kann heute als fast allgemein anerkannt gelten, daß alle Verträge der Post privatrechtlicher Natur sind. Auch dies hat zuerst wieder KOMPE[1] eingehend begründet.

Eine abweichende Ansicht wurde unter der Herrschaft des alten HGB., das in Art. 421 Abs. 2 ausdrücklich das in ihm enthaltene Privatrecht als subsidiär dem PG. und der PO. statuierte, hauptsächlich von SCHOTT[2] sowie von ARNDT[3] vertreten, während im übrigen, wie LABAND[4] hervorhebt, die Auffassung des Rechtsverhältnisses mit der Post als eines in allen Fällen vertragsmäßigen die unangezweifelte communis opinio aller Schriftsteller, Gerichte und Verwaltungsbehörden war und der deutschen Reichsgesetzgebung zugrunde lag (PG. § 50, altes HGB. Art. 421 Abs. 2, 449). Neuerdings ist dieser Ansicht außer von ARNDT[5] in seinem Staatsrecht noch von OTTO MAYER[6] und von ZORN[7] widersprochen worden. Alle vier Schriftsteller weichen aber in ihren kaum haltbaren Ansichten wesentlich voneinander ab.

SCHOTT betrachtet die Geschäfte der Post zwar als Privatrechtsgeschäfte, die aber nicht unter den Begriff des konstitutiven obligatorischen Vertrages fielen, sondern nur „Erfüllung einer gesetzlichen Obligation" seien. Wenn der Absender eine Sendung zur Post aufgebe, so mache er ihr keine Offerte, einen Beförderungsvertrag mit ihr einzugehen, sondern er „fordere sie auf, ihrer gesetzlichen Beförderungspflicht Genüge zu tun". Da der Zweck des konstitutiven obligatorischen Vertrages auf Schaffung eines individuellen Schuldverhältnisses gerichtet sei, so sei für einen solchen Vertrag hier kein Raum; denn es sei keine Pflicht der Post zu begründen, diese bestehe kraft Gesetzes, und keine des Absenders; denn diese sei teils zur gesetzlichen Voraussetzung, teils zur gesetzlichen Folge der Postbeförderung umgebildet.

Dem ist zu entgegnen: Ehe nicht der Absender der Post einen Gegenstand zur Beförderung übergibt mit entsprechender

---

[1] A. a. O. und Zeitschr. f. Deutsches Recht und Rechtswissenschaft. Bd. XVIII, S. 315.

[2] A. a. O. S. 284 f.

[3] Verfassung S. 212 f.

[4] A. a. O. S. 78.

[5] Staatsrecht S. 284 f.

[6] A. a. O. S. 323 f.

[7] A. a. O. II, 274 f.

ausdrücklicher oder stillschweigender Erklärung, besteht noch keine Verpflichtung der Post, diese Sendung dieses Absenders zu befördern. Dies zeigt sich besonders daran, daß, wenn ein Postbeamter eine Sendung zurückweist, wie LABAND[1] ausführt, zwar eine Beschwerde gegen ihn wegen Verletzung der Dienstvorschriften, unter gewissen Voraussetzungen auch eine Schadensersatzklage gegen ihn begründet sein könne; eine Haftung der Post wegen Nichterfüllung einer „gesetzlichen Obligation" aber bestehe in diesem Falle nicht, werde vielmehr nur durch Übernahme der Sendung zum Transport begründet, d. h. nach Abschluß des Vertrages.

Überdies ist die Beförderungspflicht nicht die einzige Verpflichtung der Post (s. u. S. 31); ihre sämtlichen Pflichten entstehen erst durch Abschluß des individuellen Vertrages; wie sollte ohne solchen die Begründung der Ersatzpflichten der Post nach SCHOTTs Ansicht konstruiert werden? Solange nicht der Post von einem Absender ein Gegenstand zur Beförderung übergeben und ein individuelles Rechtsverhältnis hergestellt wird, besteht doch diesem Absender gegenüber keine Ersatzpflicht der Post. Die „gesetzliche Obligation" SCHOTTs ist nichts anderes als der für die Post in § 3 PG. statuierte Kontrahierungszwang, wie man ihm in weitem Umfang auch anderweit als Korrelat eines Monopols begegnet, vor allem bei den Geschäften der Eisenbahn, für die genau eine gleiche Bestimmung wie in § 3 PG. enthalten ist, gilt (§ 453 HGB.). Dieselben Symptome, die SCHOTT für seine Ansicht anführt, finden sich genau so beim Eisenbahnfrachtgeschäfte wieder. Auch bei diesem ist die Eisenbahn verpflichtet, Verträge, deren Inhalt durch HGB. und Eisenbahnverkehrsordnung „gesetzlich" festgelegt ist, abzuschließen, wenn ihr dazu Angebote in den gesetzlichen bzw. reglementmäßigen Formen gemacht werden.

ARNDT, MAYER und ZORN stimmen darin überein, daß sie das Postrecht für öffentliches Recht und die Ausführung der Geschäfte der Post für Verwaltungstätigkeit erklären, — völlig willkürlich. Es wäre wohl schwer, hierfür eine andere Begründung

[1] A. a. O. S. 78/79.

zu geben als die, daß das PG. ein selbständiges, in keinem unmittelbaren Zusammenhang mit einem zweifellos Privatrecht enthaltenden Gesetze stehendes Gesetz und die PO. eine entsprechende Verordnung ist. Aber abgesehen davon, daß dies ein stichhaltiger Grund nicht wäre, sind sogar PG. und PO. in engsten Zusammenhang mit Privatrecht gebracht worden, indem Art. 421 Abs. 2 des alten HGB. ausdrücklich das in ihm enthaltene Privatrecht als subsidiär dem PG. und der PO. geltend statuierte. Wären letztere beide nicht privatrechtlicher Natur und wäre die Bestimmung des Art. 421 Abs. 2 nicht von dieser Auffassung des Gesetzgebers aus gegeben worden, so hätte die Anwendbarkeit des HGB. auf die Verträge des PG. und der PO. die wunderliche Erscheinung gezeitigt, daß dieselben Verträge teils nach öffentlichem, teils nach privatem Rechte zu beurteilen gewesen wären.

Zu den einzelnen Ansichten sei folgendes bemerkt:

a) Arndt: Im Gegensatz zu Schott, der angesichts der Vorschrift des Art. 421 Abs. 2 des alten HGB. die Geschäfte der Post als Privatrechtsgeschäfte ansieht, leugnete Arndt[1] trotz Art. 421, daß die Vorschriften des Handelsrechts auch nur subsidiär auf die Post Anwendung fänden, und faßte das gesamte Postrecht als Verwaltungsrecht auf. In seinem Staatsrecht[2] sagt er, „das gesamte Postrecht gehöre dem öffentlichen Rechte an", und behauptet, die Kontroverse sei durch § 452 des neuen HGB., das die Geltung des HGB. für die Geschäfte der Post ausdrücklich ausschließt, „gesetzlich entschieden". Durch diesen § 452 sei „erwiesen", daß „die Geschäfte der Post nicht unter das HGB. fallen, daß sie keine Privatverträge, z. B. keine Werkverdingungsverträge, sind, so wenig wie etwa die Aufnahme eines Testamentes durch den Richter ein solcher Vertrag ist"(!).

Eine Kontroverse entscheidet § 452 nur insofern, als er dem Streite darüber ein Ende bereitet, ob die Anwendung der einen oder anderen Vorschrift des alten HGB. — z. B. die über das Recht des Empfängers auf Aushändigung — als durch Postspezial-

---

[1] Verfassung S. 212 f.

[2] S. 286.

recht nach § 421 Abs. 2 ausgeschlossen gelten müßte oder nicht, also die subsidiäre Geltung des HGB. im einen oder anderen Punkte Platz greife oder nicht. Inwiefern dadurch, daß § 452 der Post die Kaufmannseigenschaft nimmt und sie den bisher subsidiär für sie geltenden Vorschriften des HGB. entzieht, erwiesen sein soll, daß die Verträge der Post keine Privatverträge seien, ist unerfindlich. Daß bei Schaffung des alten HGB. das PG. und PO. in engsten Zusammenhang mit Privatrecht gebracht werden konnten durch die Bestimmung des Art. 421 Abs. 2, geschah von der unwillkürlichen Auffassung des Gesetzgebers aus, daß das Postrecht Privatrecht und die Verträge der Post Privatrechtsgeschäfte seien. Unter der Herrschaft des alten HGB. konnte dies deshalb schlechterdings nicht bezweifelt werden (vgl. S. 16). Bestimmend für die Aufhebung des Art. 421 Abs. 2 durch § 452 des neuen HGB. ist nun nicht etwa die Erkenntnis gewesen, daß wegen der öffentlich-rechtlichen Natur des PG. und der PO. Art. 421 Abs. 2 aufzuheben sei, sondern der Grund ist der gewesen, daß es überflüssig erschien, der Post die Kaufmannseigenschaft fernerhin beizulegen. Dadurch aber werden PG. und PO. nicht gleichzeitig zu öffentlichem Rechte gestempelt und wird nichts bewiesen dafür, daß der Gesetzgeber seine bisherige Auffassung geändert habe und das Verhältnis der Post zu ihren Kunden vom 1. Januar 1900 ab plötzlich als ein ganz anders geartetes, öffentlich-rechtliches aufgefaßt wissen wollte.

Was Arndt[1] im übrigen zur Begründung seiner Ansicht vorbringt, bezeichnet Laband[2] als teils falsch, teils unerheblich. Es sind die Behauptungen, daß zum Begriffe des Vertrages Vertragsfreiheit gehöre, die hier auf beiden Seiten fehle; denn das Publikum müsse sich bei Strafe der Post bedienen und diese müsse befördern; die Bedingungen, der Inhalt des Vertrages ständen gleichfalls „kraft zwingender Rechtsnorm“ ein für allemal fest. Daß deshalb, wie Arndt folgert, das Rechtsverhältnis zwischen Post und Absender kein Vertrag sei, bezeichnet Laband als einen elementaren Rechtsirrtum und weist darauf hin,[3] daß

[1] Staatsrecht S. 284/86.

[2] A. a. O. S. 79 Anm. 1.

[3] A. a. O. S. 81, 82 Anm. 2.

dann alle Fracht- und Passagierverträge mit Eisenbahnverwaltungen, mit Einschluß der Privatbahnen, mit Dampfschiffunternehmungen, Theaterunternehmern, überhaupt mit jedem Gewerbetreibenden, dessen Angestellte nach festbestimmten Bedingungen kontrahieren müssen, keine Verträge seien. Die Vertragsfreiheit der Post aber als einheitlichen Instituts sei dadurch nicht aufgehoben, daß die Post Normalbestimmungen aufstelle, weil es den Postanstalten nicht in jedem einzelnen Falle überlassen sein könne, die Bedingungen des Vertrages zu verabreden — abgesehen von einigen sogar bestehenden Ausnahmefällen, wie Kreditierung und Kontierung des Portos, Abholung von Sendungen —, es sei dadurch nur die Befugnis der einzelnen Postanstalten und Postbeamten zur Vertretung der Post bei Abschluß von Verträgen beschränkt. Die Postverwaltung als solche aber könne durch Erlaß allgemeiner Anordnungen Spezialvorschriften für die Geschäfte aufstellen. Dem ist noch hinzuzufügen, daß die Post durch Abänderungen der PO., wie sie mehrfach erfolgt sind, ihre Vertragsfreiheit bewährt hat.

Die Tatsache, daß ein Postzwang besteht, kann, wie SCHMIDT[1] hervorhebt, deshalb nicht zum Beweise für das Vorliegen eines öffentlich-rechtlichen Verhältnisses angeführt werden, weil der Zwang beschränkt ist, unter ihn z. B. nicht die Paketbeförderung fällt; es ergäbe sich sonst das merkwürdige Resultat, daß für einen Teil der Geschäfte der Post öffentliches Recht, für einen anderen Teil, nämlich auf die, die, ohne sich auf den Postzwang zu gründen, auch von der Post ausgeführt werden, Privatrecht maßgebend sein müßte, da ja das öffentliche Rechtsverhältnis auf die dem Postzwang unterliegenden Geschäfte zu beschränken wäre.

b) OTTO MAYER, der übrigens nur französische Einrichtungen und Auffassungen darstellen will, muß selbst einräumen, wie LABAND[2] mit Recht gegen ihn verwertet, daß sich seine Ansicht nicht konsequent durchführen läßt, indem er zugesteht, daß in den Fällen der Aufgabe von Poststücken mit Wertangabe ein zivilrechtlicher Vertrag zwischen der Post und dem Absender abgeschlossen werde, und daß die Zivilgerichte zuständig seien, über die daraus geforderten Entschädigungen zu erkennen. Es

[1] A. a. O. S. 22.
[2] A. a. O. S. 80.

ist aber nicht möglich, bei der Einheitlichkeit der Gesetzgebung über sämtliche Verträge, der natürlich überall dieselbe Auffassung des Gesetzgebers zugrunde liegt, einen Teil der Verträge als zivilrechtliche, einen anderen Teil als Rechtsverhältnisse des öffentlichen Rechtes aufzufassen.

c) ZORN behauptete, weil es sich hinsichtlich der Verträge der Post um Erfüllung einer Staatspflicht, einen Zweig der Staatsverwaltung handle, werde durch die Benutzung der Postanstalten eine „Obligation des öffentlichen Rechtes“ begründet, dessen Subsumtion unter privatrechtliche Kategorien als „prinzipiell“ (!) unstatthaft erachtet werden müsse. In der ersten Auflage seines Werkes hat er, wie LABAND[1] bemerkt, ganz unbefangen gesagt: „Die Post kontrahiert mit dem Absender.“ Worin aber der Unterschied einer „Obligation“ des öffentlichen Rechtes von anderen Obligationen liegt, sagt er nicht.

Inwiefern es sich hinsichtlich der Verträge der Post um Erfüllung einer Staatspflicht, einen Zweig der Staatsverwaltung handle, ist nicht einzusehen. Sogar ARNDT gibt zu, daß die Geschäfte der Post solche seien, die auch ein Privatmann vornehmen könne — und, was z. B. die Paketbeförderung anlangt, tatsächlich auch vornimmt. LABAND hebt hervor, daß kein Hindernis bestehe, daß der Staat seine gemeinnützigen Aufgaben in der Weise löst, daß er privatrechtliche Verträge schließt und zweckmäßige Einrichtungen zu deren Erfüllung trifft, wie dies auch in vielen anderen Verwaltungen geschehe, z. B. der Eisenbahnen, Forsten, Domänen, Bergwerke usw. Wie auch SCHMIDT[2] hervorhebt, werden „Geschäfte, die, von Privaten betrieben, Privatrechtsgeschäfte sind und Privatrechtsnormen unterliegen, nicht dadurch, daß der Staat sie betreibt, Geschäfte des öffentlichen Rechtes“ und die Normen über diesen Betrieb solche des öffentlichen Rechtes. Um eine solche Übernahme von Privaten ursprünglich betriebener oder auch heute noch zu betreibender Geschäfte in die Hand des Staates handelt es sich bei den Geschäften der Post, zum mindesten, soweit sie dem Postzwang nicht unterliegen (insbesondere Paketbeförderung).

[1] A. a. O. S. 79.
[2] A. a. O. S. 21.

Es ist tatsächlich nicht einzusehen, um mit LABAND zu sprechen, warum die Aufgabe eines Paketes bei der Eisenbahnexpedition etwas so Grundverschiedenes von der Aufgabe eines gleichen Paketes bei der Postexpedition sein soll, daß man bei letzteren von „Erfüllung einer Staatspflicht, Zweig der Staatsverwaltung" reden müßte, und warum die Bestellung einer Zeitung, die bei einem Buchhändler zweifellos ein Privatrechtsgeschäft ist, es bei der Post nicht sein soll. In allen Punkten hat das Rechtsverhältnis der Post zum Absender eine vollkommene Analogie zum Frachtgeschäft und war den Vorschriften des letzteren als subsidiär geltendem Rechte durch Art. 421 Abs. 2 des alten HGB. ausdrücklich unterstellt.

Nach alledem läßt sich hinsichtlich aller von der Gegenseite aufgeführten Tatsachen, die den öffentlich-rechtlichen Charakter der Verträge der Post beweisen sollen, ihre Unverwertbarkeit dartun und der Mangel ihrer Durchschlagskraft beweisen, ja manche Tatsachen lassen sich mit jener Auffassung gar nicht vereinen (so die bis 1. Januar 1900 vorhanden gewesene Verbindung von PG. und PO. mit dem rein privatrechtlichen Handelsrecht, die zwar heute aufgehoben ist, deren Aufhebung aber nicht zu dem oben widerlegten Schlusse ARNDTS berechtigt). Darauf, daß PG. § 50 sogar ausdrücklich von dem „Vertrage" zwischen Post und Absender spricht, soll hierbei noch nicht einmal Gewicht gelegt werden, obwohl gerade diese Tatsache deutlich die Auffassung des Gesetzgebers erkennen läßt, zumal diese Tatsache mit dem aus Art. 421 Abs. 2 auf die rechtliche Natur der Verträge zu ziehenden Schlusse übereinstimmt.

Es muß also die von LABAND und der Mehrzahl der Schriftsteller vertretene Ansicht, daß die Verträge der Post privatrechtlichen Charakters seien, als die richtige angesehen werden.

Die Folge des privatrechtlichen Charakters der Verträge der Post ist, daß heute das BGB. für das Deutsche Reich, insbesondere dessen Vorschriften über den Werkvertrag, subsidiär dem PG. und der PO. gelten.[1]

---

[1] Ein treffliches Beispiel hierfür bietet sich in der Bemerkung HELLWIGS a. a. O. S. 531 Anm. 72.

III. Hiermit haben wir bereits die hauptsächlichsten Rechtsquellen, auf Grund deren ausschließlich alle oben aufgeführten Verträge der Post, sowie die Rechtslage der an ihnen Beteiligten die rechtliche Beurteilung erfährt, festgestellt, nämlich

1. das Gesetz über das Postwesen des Deutschen Reiches vom 28. Oktober 1871 mit dem Gesetz betreffend Abänderung des § 4 dieses Gesetzes,

2. die auf Grund des § 50 PG. vom Reichskanzler erlassene Postordnung vom 30. November 1871 in der Fassung vom 20. März 1900, mit Abänderungen vom 4. August 1900, 14. Nov. 1900 und 8. April 1901 (letztere betr. Einführung der Postschließfächer),

3. das Deutsche Bürgerliche Gesetzbuch; hierzu treten noch

4. das Posttaxgesetz vom 28. Oktober 1871,

5. die Verfassung des Deutschen Reiches, Art. 48.

Nicht sind als Rechtsquellen zu betrachten die Dienstinstruktionen, wenngleich zuweilen Bestimmungen, die über das Wesen eines Vertrages Aufschluß geben, fast nur in jenen zu finden sind, z. B. des Zeitungsgeschäftes.[1] Nicht mehr hat das Handelsrecht wie vor dem 1. Januar 1900 subsidiäre Geltung; § 452 des neuen Handelsgesetzbuches schließt ausdrücklich die Geltung desselben aus.

Die genannten Rechtsquellen allein sind allen folgenden Erörterungen zugrunde zu legen.

IV. Daß, wie oben schon angedeutet, die an den Verträgen der Post unmittelbar Beteiligten nur Post und Absender sind, und zwar bei allen Verträgen, mit Ausnahme des Zeitungsgeschäftes, daß also bezüglich einer zur Post eingelieferten Sendung die Post nur mit dem Absender in einem Vertragsverhältnis steht, ist allgemein anerkannt und ist auch deutlich zu entnehmen aus § 50 PG.[2] Selbst bei dem rechtlich sehr verschiedenartig konstruierten Zeitungsgeschäft stimmt man darüber

---

[1] v. d. Osten S. 4.

[2] PG. § 50: „Durch ein von dem Reichskanzler zu erlassendes Reglement — (d. i. die PO.) —, welches mittels der für die Publikation amtlicher Bekanntmachungen bestimmten Blätter zu veröffentlichen ist, werden

überein, daß, soweit die Beförderung der einzelnen Zeitung und die Verpflichtung der Post hierzu in Frage kommt, diese Verpflichtung nur aus einem zwischen Post und Absender (Verleger) bestehenden Vertrage abzuleiten ist, mag auch die eine oder andere Konstruktion zugleich gewisse Vertragsbeziehungen zwischen dem Empfänger und der Post annehmen; einzig nach COSACKS eigenartiger Konstruktion[1] des Zeitungsgeschäftes beruht die Verpflichtung auf einem Vertrag zwischen Post und Empfänger (Abonnent).

V. Was das juristische Wesen der Verträge anlangt, so ist zu bemerken:

1. Über den Postbeförderungsvertrag sind sich die meisten Vertreter der Wissenschaft einig, daß dieser Vertrag, über dessen rechtliche Natur bis zur Einführung des alten HGB. vollkommene Unklarheit geherrscht hatte, sich als reiner Werkvertrag darstellt und demgemäß unter §§ 631 ff. BGB. fällt, ein Werkvertrag — soweit Sachen in Frage kommen —, gerichtet auf die Beförderung einer Postsendung vom Absender in die Hände des von diesem bestimmten Empfängers, wie ja Frachtverträge überhaupt Werkverträge sind.

Nach einer abweichenden Meinung KANNS[2] ist der Postbeförderungsvertrag kein Werkvertrag, sondern ein Realvertrag, und zwar deshalb, weil die locatio conductio operis unbestritten ein Konsensualvertrag sei, der Vertrag zwischen Post und Absender aber nicht durch einfache Willensübereinstimmung zustande komme, sondern dadurch, daß die zu befördernde Sache der Post übergeben und von dieser angenommen werde; der Vertrag werde also „re“, nicht „nudo consensu“ geschlossen. Dieser Ansicht folgt SCHMIDT,[3] der den Vertrag als einen „con-

---

die weiteren bei Benutzung der Postanstalt zu beobachtenden Vorschriften getroffen.

Diese Vorschriften gelten als Bestandteil des Vertrages zwischen der Postanstalt und dem Absender bzw. Reisenden.

Das Reglement hat zu enthalten . . .“

[1] COSACK, a. a. O. S. 462, nimmt einen Quasi-Einkaufskommissionsvertrag zwischen Empfänger und Post an; vgl. unten S. 27.

[2] A. a. O. S. 58 ff.

[3] A. a. O. S. 27 f.

tractus sui generis, der seiner Entstehung nach zu den Realkontrakten zu rechnen sei", bezeichnet.

Nun ist zwar richtig, daß, wie aus PO. § 29 I, II deutlich hervorgeht, der Vertrag erst durch Einlieferung der zu befördernden Sendung zur Post auf eine der drei in PO. § 29 I—III für zulässig erklärten Arten — Einlegen in den Briefkasten, Übergabe an die Annahmestellen der Postanstalten, Übergabe an Postillone oder Postbegleiter und bei Paketen Abholung in der Wohnung des Absenders — erfolgt. Wie aber bei vielen Werkverträgen ein Gegenstand dem Unternehmer hingegeben werden muß, damit dieser überhaupt den vereinbarten Erfolg herbeiführen kann, ohne daß deshalb der Werkvertrag den Charakter eines nudo consensu, durch formlose Willensübereinstimmung, zu schließenden Vertrages einbüßt, so ist bei den Beförderungsverträgen der Post über Sachen die Übergabe dieser ein die Möglichkeit der Erfüllung des Vertrages bedingendes Moment. Während nun andere Werkverträge dieser Art bereits bindend geschlossen werden können, ehe die Sache, bezüglich deren der vereinbarte Erfolg herbeigeführt werden soll, dem Unternehmer übergeben wird, will die Post, deren Geschäftsbetrieb, soweit Sachen in Fragen kommen, mit solch schwebenden Verpflichtungen sich nicht befassen kann, niemals eher einen Vertrag auf Beförderung einer Sache schließen, ehe ihr nicht auch die Sache eingeliefert wird. Deshalb würde ein Postbeamter, der versprechen würde, ein erst später einzulieferndes Paket zur Beförderung zu bringen, ein Versprechen geben, zu dessen Eingehung ihm die Vertretungsmacht fehlt.[1] Aber an sich wäre eine solche Eingehung der Verpflichtung zur Beförderung einer Sache auch für die Post durchaus denkbar, wie ja auch bei der Personenbeförderung der Post die hierauf gerichteten Verträge tagelang vor dem Zeitpunkt der Erfüllung bindend abgeschlossen werden durch „Belegen eines Platzes" oder das „Einschreiben". Bei den zahllosen Verträgen über Sachbeförderung aber will und muß die Post im Interesse eines einfachen Betriebes den

[1] Ähnlich Hellwig, a. a. O. S. 519, gegen die Annahme eines Realvertrags.

Abschluß bis zur Einlieferung der zu befördernden Sache hinausgeschoben wissen. Dafür begnügt sie sich aber auch mit dem stillschweigenden, formlosen Vertragsangebot, das in der ordnungsmäßigen Einlieferung liegt, und nimmt ihrerseits das Angebot stillschweigend an. Hiermit sind die Erfordernisse des nudus consensus des Werkvertrages gegeben. KANNS und SCHMIDTS Ansicht kann daher nicht als richtig angesehen werden.

Über die rechtliche Natur der übrigen Verträge der Post gehen die Meinungen sehr auseinander. Im einzelnen sei hierüber kurz folgendes bemerkt:

2. Das Postanweisungsgeschäft. Fast allgemein stimmt man darüber überein, daß der Postanweisungsvertrag sich aus zwei durchaus voneinander verschiedenen Geschäften zusammensetzt, nämlich einem Beförderungsvertrag bezüglich des Formulars oder des Abschnittes und einem Vertrag über die Auszahlung einer bei der Post eingezahlten Geldsumme. Von den beiden Geschäften ist, wie HELLWIG[1] hervorhebt, der letztere Vertrag der wesentliche und eigentliche Inhalt des ganzen Vertrages, der Beförderungsvertrag nur ein Nebenvertrag. Den Hauptvertrag hat man bald als loc. cond. operis irregularis, bald als Mandat auf eine irreguläre Depositenschuld, als Assignation, als kaufmännische Anweisung im Sinne des Art. 300 des alten HGB. (diese Auffassung ist heute zweifellos gegenstandslos) angesehen. In neuester Zeit hat FASSBENDER[2] das Vorliegen eines irregulären Werkvertrages verteidigt.

Am richtigsten erscheint mir die Natur des Postanweisungsvertrages von SCHMIDT[3] erkannt und gekennzeichnet, der auch zwei Verträge unterscheidet, den Beförderungsvertrag über das Formular und den in der Annahme des Geldes zum Zwecke der Auszahlung einer gleichen Summe an den Empfänger liegenden Vertrag. Ersteren betrachtet er von seinem oben erwähnten Standpunkt aus als einen Realvertrag, den letzteren ebenfalls als einen Realvertrag sui generis, weil seine Entstehung lediglich auf die Einzahlung der Geldsumme gegründet werde. Und

[1] A. a. O. S. 531.
[2] A. a. O. S. 20 ff.
[3] A. a. O. S. 30 ff.

hiermit hat er zweifellos recht mit Rücksicht auf § 6 Abs. 4 PG.: „Für die auf Postanweisungen eingezahlten Beträge leistet die Postverwaltung Garantie.“ Wird nichts eingezahlt oder wird falsches Geld eingezahlt, so entsteht keine Verpflichtung irgendwelcher Art für die Post, es kommt ein Vertrag nicht zustande.[1] Erst durch die Einzahlung wird der Vertrag geschlossen, er kann gar nicht früher geschlossen werden. Es ist ganz unmöglich, wie SCHMIDT mit Recht hervorhebt, den Vertrag als Konsensualkontrakt zu konstruieren, wie das bei Annahme einer loc. cond. operis irreg. oder gar eines Mandates oder einer Assignation notwendig wäre. Nur durch die Einzahlung und nur insoweit und nur weil eingezahlt wird, will die Post einen Vertrag schließen und aus ihm verpflichtet sein, dem ihr bezeichneten Empfänger eine gleiche Summe auszuzahlen.[2]

Auf dem gleichen Standpunkt wie SCHMIDT steht auch HELLWIG,[3] der den Hauptvertrag der beiden Verträge mit „Posteinzahlungsvertrag“ bezeichnet, nach welchem auf Grund von § 6 PG. die Post Summenschuldnerin werde und die Gefahr trage, bis das Geld an den Empfänger oder den Absender gezahlt sei. Unter Hinweis auf das mutuum und depositum, aus welchen Verträgen nur soweit gehaftet werde, als „empfangen“ sei, kommt er zu dem Resultat, daß auch die Post nur bis zum Belaufe des empfangenen Betrages verpflichtet werde, daß daher ein Realvertrag vorliege.

3. Das Postzeitungsgeschäft. Dieses besteht in der „Übernahme der Besorgung des Abschlusses von Verträgen auf

---

[1] So auch HELLWIG S. 531.

[2] Wenn FASSBENDER S. 23 das Argument aus § 6 PG. dadurch zu entkräften sucht, daß er sagt: „Hätte der Gesetzgeber wirklich erst mit dem Geben und Nehmen den Vertrag zur Entstehung bringen wollen, so wäre gewiß an anderer Stelle als bei Gelegenheit der Festsetzung der Haftgrenze der Post diesem Gedanken Ausdruck gegeben worden,“ so ist dies nichts weniger als stichhaltig; denn es ist doch keineswegs Sache des Gesetzgebers, ausdrückliche Bestimmungen darüber zu geben, wie ein Vertrag juristisch aufzufassen sein solle. Vielmehr ist es Aufgabe der Wissenschaft, auf Grund der positiven Bestimmungen des Gesetzes die juristische Natur eines Vertrages zu eruieren.

[3] A. a. O. S. 530 f.

den Bezug von periodischen Druckschriften".[1] Über seine rechtliche Konstruktion herrschen wohl größere Meinungsverschiedenheiten als hinsichtlich aller anderen Verträge der Post. Sie sind zusammengestellt und geschickt bekämpft bei FROMMER.[2] Zunächst ist FROMMER darin beizustimmen, daß das Zeitungsgeschäft nicht als Dienstvertrag zwischen Verleger und Post, wie ihn HELLWIG verteidigt, sondern vielmehr als Werkvertrag aufzufassen ist. Gewiß ist richtig, daß die Post nicht verpflichtet ist, Verträge auf den Bezug von periodischen Druckschriften abzuschließen, verpflichtet in dem Sinn, daß sie sich bemühen müßte, daß die in die Postzeitungsliste aufgenommenen Druckschriften auch Postabonnenten bekommen, aber sie erhält auch kein Entgelt für ihre Mühewaltung — die schon in der Aufnahme der Zeitung in die Zeitungsliste und in ihrer Führung darin zu finden ist —, wenn das Publikum ihr keine Gelegenheit zum Abschluß von Zeitungsbestellungen gibt. Und gerade dieser letztere Umstand, den HELLWIG ganz mit Unrecht als irrelevant für den rechtlichen Charakter des Vertrages hinstellt,[3] also das Ausbleiben des bedungenen Entgeltes im Falle der Erfolglosigkeit der übernommenen Mühewaltung, ist das Unterscheidungsmerkmal für den Werkvertrag gegenüber dem Dienstvertrag.[4]

Es läßt sich der Behauptung eines Werkvertrages auch nicht entgegenhalten — was übrigens mit gleichem Rechte gegen die Annahme eines Dienstvertrages angeführt werden könnte, bei dem das Entgelt gegeben wird lediglich für die Inanspruchnahme der Dienste, ohne Rücksicht darauf, ob ein bestimmter Erfolg herbeigeführt wird oder nicht —, daß die Post das Entgelt, das in der Differenz zwischen dem vom Abonnenten zu zahlenden Preise und dem hiervon dem Verleger zukommenden Betrage besteht, vom Abonnenten empfängt, der ja gar nicht Kontrahent des betreffenden Vertrages sei; denn wie SCHMIDT[5]

---

[1] HELLWIG a. a. O. S. 518.
[2] A. a. O. S. 40 ff.
[3] A. a. O. S. 518 Anm. 44.
[4] FROMMER S. 44.
[5] A. a O. S. 39.

überzeugend nachweist, ist das von der Post tatsächlich aus den Händen des Abonnenten in Empfang genommene Entgelt rechtlich als Leistung des Verlegers anzusehen.

Auch im übrigen halte ich die weitere Konstruktion des Zeitungsgeschäftes nach FROMMER für die einfachste und klarste. Nach ihm schließt die Post mit dem Verleger einen kommissionsähnlichen Werkvertrag, durch den sie sich verpflichtet, für Rechnung des Verlegers im eigenen Namen Zeitungen an den Abonnenten zu verkaufen und — setze ich ergänzend hinzu — die verkauften an ihn zu befördern; alsdann geht die Post mit dem Abonnenten im eigenen Namen das Lieferungskaufgeschäft ein.[1]

Daß dies Geschäft der Post nur als Quasi-Verkaufskommission bezeichnet werden kann, erhellt ohne weiteres daraus, daß der Vertrag nicht auf Tauschgeschäfte im wirtschaftlichen Sinn gerichtet ist, nicht Güterumsatz bezweckt, sondern nur der räumlichen Vermittelung zwischen Abonnenten und Verleger zu dienen bestimmt ist. Der Ein- und Verkauf durch die Post erfolgt nicht eigentlich aus den wirtschaftlichen Motiven der echten Kommissionsgeschäfte; die „Provision" erhält die Post weniger als eine solche des Kommissionsgeschäftes, als vielmehr in erster Linie als Entgelt für den gleichzeitig in dem Kommissionsvertrag geschlossenen Beförderungsvertrag. Aus letzterem wird daher die Beförderung dem Verleger geleistet, nicht dem Abonnenten. Hiermit stimmt die erwähnte Deduktion SCHMIDTS überein, daß das Entgelt rechtlich als Leistung des Verlegers anzusehen ist.

FROMMER hat mit seiner Konstruktion den Gedanken COSACKS aufgenommen, der eine Quasi-Einkaufskommission zwischen Abonnenten und Post annimmt (s. o. S. 22). Diese Konstruktion wäre zu halten, wenn das Zeitungsvertriebsgeschäft seinen Anfang vom Publikum und nicht, wie es tatsächlich der Fall ist, vom Verleger her nähme. Dies zeigt ein praktisches Beispiel: Wollte jemand durch die Post eine Zeitung abonnieren, die nicht in der Postzeitungsliste steht, so müßte oder könnte wenigstens nach COSACK folgerichtig die Post den Vertrag, das Einkaufskommissions-

[1] FROMMER S. 47.

geschäft, gleichwohl mit dem Abonnenten schließen, und müßte dann den Verleger der betreffenden Zeitung veranlassen, ihm die Zeitung zu verkaufen. Dies geschieht aber nicht. Um Zeitungen, zu deren Vertrieb die Post nicht vom Verleger aus veranlaßt wird, kümmert sie sich nicht, sie darf Abonnementsanträge des Publikums auf solche gar nicht annehmen.[1] Indem nun Frommer zugrunde legt, daß das Geschäft vom Verleger her seinen Anfang nimmt, kam er statt auf Einkaufs- auf Verkaufskommission.

4. Der Postauftrag, der die Übernahme der Verpflichtung zur Einziehung von Geldbeträgen und zur Einholung von Wechselakzepten zum Gegenstande hat, und seine Abart, die Postnachnahme — die Übernahme der Verpflichtung, gegen Aushändiguug einer Sendung einen Betrag einzuheben und an den Absender jener abzuführen — sind reine Dienstverträge. Denn die Post ist nicht verpflichtet, die bezeichneten Erfolge herbeizuführen, sondern erhält das Entgelt lediglich für den ordnungsmäßigen Versuch, das Geld einzuheben oder das Akzept zu erhalten.[2] Beiden Verträgen ist ein Beförderungsvertrag immanent. Wie schon bemerkt, kommt der Postauftrag für das Schließfachverfahren gar nicht in Betracht.

VI. Zu allen diesen Verträgen der Post — mit Ausnahme des Postauftrages — nimmt das Schließfachabkommen eine eigentümliche Stellung ein. Denn es ist ein Abkommen zwischen Post und Empfänger, während die Verträge der Post ausschließlich zwischen ihr und dem Absender geschlossen werden; und zwar ist es ein Abkommen darüber, wie die Post die ihr nach Ankunft der Sendungen bei der Postanstalt des Bestimmungsortes dem Absender gegenüber noch obliegenden Verpflichtungen aus ihren Verträgen mit diesem erfüllen will und soll zufolge übereinstimmenden Willens des Empfängers und der Post. Der Absender kann aber nie geltend machen den Mangel seines Ein-

---

[1] Vgl. hierzu auch PO. § 28: „Soll eine Zeitung der Postverwaltung zum Vertrieb übergeben werden, so hat der Verleger eine entsprechende schriftliche Erklärung nach Maßgabe der von der Postverwaltung vorgeschriebenen Fassung bei der Postanstalt niederzulegen.

[2] Hellwig a. a. O. S. 518.

verständnisses damit, daß die Post durch ein Abkommen mit dem Empfänger sich von wichtigen Pflichten, vor allem der zur Bestellung, die ihr aus ihren Verträgen mit dem Absender diesem gegenüber obliegen, befreien läßt, und daß ihm dadurch veränderte Vertragsrechte und Ansprüche gegen die Post erwachsen, die alle sich als wesentlich beschränkt gegenüber den regelmäßigen Rechten darstellen werden. Der Absender kann dies nicht geltend machen, weil die Post sich das Recht, das Schließfachabkommen mit dem Empfänger zu treffen, in der lex contractus mit dem Absender der PO., letzterem gegenüber vorbehalten hat, ebenso wie das Recht, dem Empfänger seine Sendungen im gewöhnlichen Abholungsverfahren, das ja dem Schließfachverfahren zugrunde liegt, abholen zu lassen.

Jeder Absender muß daher zufolge seines Vertrages mit der Post damit rechnen, daß seine Sendungen am Bestimmungsort in einer vom Empfänger zu bestimmenden Weise behandelt werden, und daß sich aus dieser besonderen Behandlung ihm nachteilige Rechtsfolgen ergeben, die nicht eintreten würden, wenn der Empfänger vom Schließfachverfahren bzw. gewöhnlichen Abholungsverfahren keinen Gebrauch machte.

Man sollte nun meinen, diese Nachteile sollten die Kontrahenten, auf deren Willen jene Besonderheiten zurückzuführen sind, also Post und Empfänger, treffen. Dem ist aber nicht so. Denn es besteht nur eine Verpflichtung der Post zur Vertragserfüllung gegenüber dem Absender; die Verträge sind fest normiert durch PG. in Verbindung mit der PO., die gemäß § 50 PG. einen Bestandteil jedes Vertrages zwischen Post und Absender bildet. Hiernach ergibt sich, daß der Absender durch einen Vertragsschluß mit der Post sich allen Bestimmungen dieses Vertrages unterwirft, also auch den Besonderheiten des § 48 PG. und § 42 PO., sowie ihren Wirkungen auf die ihm zu leistende Erfüllung seines Vertrages mit der Post. Er trägt demgemäß allein einerseits alle Nachteile hieraus und ist andererseits allein berechtigt, etwaige Schadensersatzansprüche gegen die Post geltend zu machen, falls diese ihre allgemeinen oder ihre besonderen Pflichten aus § 48 PG., § 42 PO. verletzt. Soll sie der Empfänger geltend machen, so muß der Absender seine Ansprüche ihm abtreten. Die besonderen Pflichten, die der Post infolge der Eingehung des Schließfachabkommens mit dem Empfänger erwachsen, liegen ihr daher nicht diesem gegenüber ob, sondern dem Absender gegenüber.

Die Frage nun nach den rechtlichen Wirkungen des Schließfachabkommens auf die oben behandelten Verträge der Post kann nur eine Frage danach sein, wann die Post jene bei Vorliegen dieses Abkommens ihrem Vertragskontrahenten, d. i. dem Absender gegenüber erfüllt hat, und weiter, wie sich die Rechtslage des Absenders gestaltet, wenn die Post ihre allgemeinen oder die ihr speziell aus dem Abschluß des Abkommens erwachsenden Pflichten nicht erfüllt oder auch, welche Pflichten ihr obliegen nach Ankunft der Sendungen bei der Postanstalt des Bestimmungsortes, — von diesem Zeitpunkt an kann naturgemäß das Schließfachabkommen erst Wirkungen äußern.

Es ist daher zunächst zu untersuchen, wann die Verträge der Post überhaupt erfüllt sind, insbesondere, welche Pflichten ihr vom genannten Zeitpunkt an noch obliegen, damit ordnungsmäßige Erfüllung herbeigeführt werde.

Der weiteren Erörterung, wie sich im Falle eines Schließfachabkommens die Erfüllung gestaltet, ist vorauszuschicken, wann in dem grundlegenden gewöhnlichen Abholungsverfahren die betreffenden Rechtswirkungen eintreten.

2. Die Erfüllung der Verträge seitens der Post.

I. Die Pflichten, die der Post zur ordnungsmäßigen Erfüllung ihrer Verträge, und zwar aller oben erörterten, obliegen, sind folgende:

1. Sie darf nach § 3 PG den Abschluß der Verträge, sofern die Bestimmungen des PG. und des Reglements, d. i. der PO.,[1] beobachtet sind, nicht ablehnen, unterliegt also dem Kontra-

[1] Daß das PG. stets mit „Reglement, reglementmäßig" die PO. meint, geht deutlich daraus hervor, daß es in § 3 PG. hinter „Reglement" in den Worten „sofern die Bestimmungen dieses Gesetzes und des Reglements" durch eine Parenthese „(§ 50)" auf die Bestimmung des § 50 PG. (s. o. S. 21, Anm. 2) hinweist.

hierungszwang, selbst in Fällen des Krieges und gemeiner Gefahr, nur darf sie unter letzteren Voraussetzungen jede Vertretung ablehnen (§ 15 PG).

2. Die Absendung der eingelieferten Sendungen hat, sofern die vorhandenen und üblichen Transportmittel es gestatten, mit der nächsten regelmäßigen Gelegenheit und ohne Unterbrechung zu erfolgen.

3. Die Postsendungen sind so zu verwahren, daß sie vor Beschädigung und Verlust geschützt sind.

4. Die Post ist verpflichtet zu unverzüglicher Bestellung, d. h. nach eigener Definition der PO. § 36, „dem Adressaten die angekommenen Gegenstände ins Haus senden zu lassen", bis auf die Fälle, in denen nach § 36 PO. eine Bestellung grundsätzlich ausgeschlossen ist (s. u. S. 33 f.), und zwar zu eine Bestellung, der

5. eine ordnungsmäßige Aushändigung (§ 39 I, V PO. an den richtigen Adressaten, dessen nach den Vorschriften der PO. (§ 39 III) Bevollmächtigten oder einen nach letzterer zulässigen Substituten zu folgen hat.

Nach Ankunft der Sendungen bei der Postanstalt des Bestimmungsortes kommen außer der Verwahrungspflicht insbesondere die beiden zuletzt erwähnten Verbindlichkeiten noch in Frage. Die Erhebung einer Bestellgebühr für manche Postsendungen, z. B. Zeitungen, Postanweisungen, Wertbriefe, Pakete, vom Empfänger steht mit der dem Absender gegenüber bestehenden Verpflichtung zur Bestellung in keinem Zusammenhang; letztere ist zu erfüllen, ohne daß die Post weiß, ob der Empfänger die Sendung annehmen und die Bestellgebühr bezahlen wird.

II. Die Verträge der Post, gleichviel welcher Art, sind hiernach in allen Fällen, in denen sie für alle oben aufgeführten Pflichten, insbesondere auch die der Bestellung, einzustehen hat, erfüllt, sobald sie allen diesen Pflichten nachgekommen ist, also, was die einzelnen Vertragsarten anlangt,

1. beim Postbeförderungsvertrag mit der richtigen, postordnungsmäßigen Aushändigung des Beförderungsgegenstandes an den Adressaten oder die nach § 39 PO. zur Inempfangnahme befugten Personen (s. u.). Dies gilt unterschiedslos für alle gewöhnlichen und eingeschriebenen Briefsendungen, Briefe mit

Wertangabe, gewöhnliche und eingeschriebene Pakete und solche mit Wertangabe; bei Paketen ist auch der Abschnitt der Paketadresse auszuhändigen, den der Empfänger nach § 12 PO. abtrennen kann. Außer dem Adressaten selbst und einem mindestens mit Postvollmacht[1] ausgestatteten Bevollmächtigten sind z. B. ermächtigt zum Empfang Gastwirte für ihre Gäste, auch wenn diese noch nicht eingetroffen sind, erwachsene Familienglieder, sonstige Angehörige oder Dienstboten, der Hauswirt, Wohnungsgeber oder Pförtner des Hauses. Einschreibsendungen und Sendungen mit Wertangabe bis 400 Mk. aber dürfen nur vom Adressaten selbst, seinem Bevollmächtigten oder einem erwachsenen Familienmitglied in Empfang genommen werden, Sendungen mit höherer Wertangabe sind richtig ausgehändigt nur bei Aushändigung an den Adressaten oder seinen Bevollmächtigten.

Sehr wesentlich ist die Bestimmung des § 39 VI PO., wonach gewöhnliche frankierte Briefsendungen, falls der Empfangsberechtigte an seiner Wohnung oder seinen Geschäftsräumen einen Briefkasten hat anbringen lassen, durch den bestellenden Boten in den Briefkasten, soweit dessen Beschaffenheit es gestattet und andere Verabredungen nicht bestehen, gelegt werden können.

2. Beim Postanweisungsgeschäft ist der Vertrag erfüllt mit der Auszahlung der zu übermittelnden Geldsumme — unter gleichzeitiger Aushändigung des Abschnitts, den auch hier der Empfänger abtrennen kann — an den richtigen Adressaten, seinen Bevollmächtigten oder, falls Postanweisungen bis 400 Mk. in Frage kommen, an ein erwachsenes Familienmitglied.

3. Für das Zeitungsgeschäft gilt das unter 1. für gewöhnliche Briefsendungen Gesagte. Denn der dem Quasi-Verkaufskommissionsgeschäft immanente Beförderungsvertrag enthält die letzten Pflichten der Post, mit deren Erfüllung der ganze Vertrag erfüllt ist.

4. Bei Postauftrag und Postnachnahme liegt die Erfüllung schon in dem Versuch einer richtigen Aushändigung bzw.

[1] Diese erfordert schriftliche Form und, wenn die Richtigkeit der Unterschrift nicht ganz außer Zweifel steht, Beglaubigung der letzteren durch einen Beamten, der zur Führung eines amtlichen Siegels berechtigt ist, unter Beidrückung des letzteren (§ 39 III PO.).

Vorzeigen des betreffenden Gegenstandes an den richtigen Adressaten zur Einlösung der Nachnahme bzw. des Postauftrages oder Abgabe des Akzeptes; Aushändigung aber darf nur erfolgen, wenn der Nachnahmebetrag berichtigt bzw. die Postauftragssumme gezahlt ist. Für die Postnachnahme sowie den Postauftrag zur Geldeinziehung gelten im übrigen hinsichtlich der Aushändigung die Bestimmungen unter 1. betr. gewöhnliche Briefsendungen; dagegen ergibt sich die ordnungsmäßige Behandlung des Postauftrages zur Einziehung von Wechselakzepten von selbst aus seiner Natur.

Es läßt sich nach alledem der Grundsatz aufstellen, daß die durch einen der Postverträge begründete Obligation der Post als erfüllt anzusehen ist, wenn die Sendung dem nach Postprivatrecht zur Inempfangnahme Ermächtigten richtig ausgehändigt ist.

III. Es ist unter I schon hervorgehoben worden, daß es auch abgesehen vom Abholungs- und Schließfachverfahren Fälle gibt, in denen die Verpflichtung der Post zur Bestellung der Sendung selbst von der PO. ausdrücklich ausgeschlossen ist, vielmehr eine Bestellung der Ablieferungsscheine oder Postpaketadressen an Stelle jener tritt. Es werden nämlich nach § 36 I PO. nie bestellt:

1. an Briefen: Wertbriefe über 3000 Mk., im Landbestellbezirk über 800 Mk.,
2. an Paketen: zollpflichtige und im Landbestellbezirk Pakete über 5 kg,
3. an Paketen mit Wertangabe: solche über 3000 Mk. und im Landbestellbezirk über 800 Mk.

In den Fällen unter 1. werden nach § 36 I PO. nur die „Ablieferungsscheine“[1] bestellt, das sind in den Fällen unter 1 Quittungsformulare zur Empfangsbestätigung seitens des Adressaten, die am Bestimmungsort ausgefertigt und dem Adressaten vor Aushändigung der Sendung zur Unterschrift vorgelegt werden; in den Fällen unter 2 und 3 werden die das Quittungsformular, also den „Ablieferungsschein“ auf der Rück-

[1] „Gedruckte Formulare zu einer Quittung über den Empfang der darin bezeichneten Sendung, das der Adressat auszufüllen hat“ (Hellwig, S. 527); vgl. S. 34 Anm. 1.

seite tragenden Paketadressen bestellt, und zwar sind die Scheine gemäß § 39 VII Abs. 1, 2 PO. ausschließlich an den Empfänger selbst oder seinen Bevollmächtigten auszuhändigen, abgesehen von den Paketadressen zu gewöhnlichen 5 kg-Paketen im Landbestellbezirk und zu den gewöhnlichen zollpflichtigen Paketen; zu diesen beiden Paketsendungen können die Paketadressen an dieselben Personen ausgehändigt werden, die zum Empfang dieser gewöhnlichen Sendungen selbst, wenn sie bestellt würden, ermächtigt wären. Über zollpflichtige Pakete vgl. S. 35.

Nach § 43 PO. werden die betreffenden Sendungen selbst sodann an denjenigen verabfolgt, welcher sich zur Abholung meldet und den mit dem Namen des Empfangsberechtigten unterschriebenen Ablieferungsschein bzw. die Paketadresse mit dem in dieser Weise vollzogenen Formular hierzu auf der Rückseite der Paketadresse abgibt.

Nach § 49 PG. ist nun in den Fällen, wo die Post ein „Formular zum Ablieferungsschein“[1] dem Adressaten „reglementmäßig“ hat ausliefern lassen, „nicht verpflichtet, die Echtheit der Unterschrift und des etwa hinzugefügten Siegels unter dem mit dem Namen des Empfangsberechtigten unterschriebenen und beziehungsweise untersiegelten Ablieferungsscheine zu untersuchen. Ebensowenig braucht sie die Legitimation desjenigen zu prüfen, welcher unter Vorlegung des vollzogenen Ablieferungsscheines, oder bei Paketen ohne Wertangabe unter Vorlegung des reglementmäßig ausgehändigten Begleitbriefes die Aushändigung der Sendung verlangt“.

§ 49 PG. gilt für alle Fälle, in denen zunächst nur der Ablieferungsschein auszuliefern ist und nicht zugleich die Sendung

[1] So drückt sich § 49 PG. korrekterweise aus und umfaßt damit sowohl die Ablieferungsscheine zu Wert- und Einschreibbriefen, wie auch die auf der Rückseite von Paketadressen und Postanweisungen befindlichen Quittungsformulare, welche PO. vielfach unter „Ablieferungsscheinen“ mit verstanden wissen will; sie gebraucht den Ausdruck sehr schwankend. Vgl. auch Hellwig S. 527. Wenn im folgenden kurz von „Ablieferungsscheinen“ gesprochen wird, so sind stets die auf Paketadressen und Postanweisungen befindlichen Formulare dazu mit verstanden; andernfalls wird ausdrücklich gesagt sein: „Ablieferungsscheine zu Wert- und Einschreibbriefen.“

selbst, also auch unsere zur Erörterung stehenden Fälle 1—3. In diesen ist der Ablieferungsschein „reglementmäßig" ausgeliefert, wenn er an eine der S. 34 aufgeführten Personen ausgehändigt ist. Nach § 49 werden nun zu der darauf folgenden Aushändigung der Sendung selbst, vorausgesetzt, daß die Ablieferungsscheine reglementmäßig ausgeliefert sind, hinsichtlich der Richtigkeit bedeutend geringere Anforderungen an die Post gestellt als bei Bestellung der Sendungen. Die Pflicht zu einer richtigen Bestellung und Aushändigung der Sendung selbst ist also hier abgeschwächt und modifiziert zu einer richtigen Bestellung und Aushändigung der Ablieferungsscheine. Die Pflicht zu einer richtigen Aushändigung der Sendung selbst besteht dann nur noch unter bedeutender Erleichterung ihrer Haftung für unrichtige Aushändigung der Sendung. Haftung würde z. B. noch eintreten, wenn die Post übersähe, daß die Unterschrift nicht genau mit dem Namen des Empfangsberechtigten übereinstimmt und infolgedessen die Sendung an einen Unberechtigten aushändigt.

Was die zollpflichtigen Pakete anlangt, so erlischt nach PO. § 39 XV die Haftpflicht der Postverwaltung, sobald die ordnungsmäßige Übergabe der Sendung an die Zoll- oder Steuerstelle auf Grund der bestehenden Vorschriften stattgefunden hat. Die Verpflichtung zur Aushändigung der Sendung an den Adressaten selbst wird also hier ersetzt durch die Pflicht ordnungsmäßiger Übergabe an die Zollbehörde, wodurch im Verein mit richtiger Aushändigung der Paketadresse an den Adressaten, die in derselben Weise zu erfolgen hat, als wenn es sich um ein nicht zollpflichtiges Paket handelte, der Vertrag erfüllt wird.

IV. Die Verletzung ihrer Verpflichtungen zieht für die Post bei den verschiedenen Verträgen sehr verschiedene Wirkungen nach sich. Die dem Absender zustehenden Ansprüche sind geregelt in §§ 6—10 PG. Daß nur der Absender sie hat, geht deutlich aus den Worten des § 6 PG. hervor: „Die Postverwaltung leistet dem Absender im Falle reglementmäßiger Einlieferung Ersatz: . . ." Ein Ton liegt dabei auf „Absender" nicht, wie FROMMER[1] richtig bemerkt, der Absender ist als die

[1] S. 33.

selbstverständliche Vertragspartei der Post genannt, er brauchte gar nicht ausdrücklich genannt zu sein.

Nach §§ 6 ff PG. ergibt sich über den Umfang der Schadensersatzpflicht der Post wegen Verletzung ihrer Vertragspflichten folgendes:

Ersatz wird geleistet, falls nicht die in § 6 Abs. 3 aufgeführten Tatsachen, z. B. eigene Fahrlässigkeit des Absenders, die Postverwaltung befreien,

I. für den Verlust und die Beschädigung

1. der Briefe mit Wertangabe,

2. der Pakete mit und ohne Wertangabe,

II. für den Verlust eingeschriebener Sendungen,

III. für verzögerte Beförderung oder Bestellung der Sendungen unter I, falls dadurch die Sache verdorben ist oder ihren Wert bleibend ganz oder teilweise verloren hat, jedoch mit Ausnahme einer Wertänderung infolge Änderung des Kurses oder marktgängigen Preises.

Weiter leistet die Postverwaltung

IV. Garantie für die auf Postanweisungen eingezahlten Beträge.

Für andere Gegenstände, also insbesondere alle gewöhnlichen Briefsendungen wird weder bei Verlust oder Beschädigung noch für verzögerte Beförderung oder Bestellung Ersatz geleistet. Aus einer Vertragsverletzung entstehen also hier für den Absender keinerlei Ansprüche. § 12 PG. schließt ausdrücklich noch den Ersatz eines mittelbaren Schadens oder entgangenen Gewinnes aus.

Die Höhe des Ersatzes normiert das PG. in §§ 8—12, und zwar

1. für Briefe und Pakete mit Wertangabe auf die Höhe der letzteren, falls nicht die Postverwaltung beweist, daß der angegebene Wert den gemeinen Wert der Sache übersteigt oder falls nicht in betrügerischer Absicht zu hoch deklariert ist, wodurch der Absender jeden Anspruch verliert;

2. für Pakete ohne Wertangabe nach dem wirklich erlittenen Schaden, jedoch mit mehr als 3 Mk. für jedes $^1/_2$ kg der ganzen Sendung, wobei Pakete, die weniger als $^1/_2$ kg wiegen, als

$^1/_2$ kg wiegend angesehen und überschießende Pfundteile für 1 Pfund gerechnet werden;

3. für eingeschriebene Briefe oder Pakete ohne Rücksicht auf den Wert 42 Mk. Da nun Ersatz für eingeschriebene Sendungen nur bei ihrem Verlust geleistet wird, so wird im Falle einer Beschädigung eines eingeschriebenen Briefes nicht gehaftet, bei Beschädigung eines eingeschriebenen Paketes aber nach den Grundsätzen unter 2.

Hiermit haben wir die Grundlagen gewonnen, auf die sich die Pflichten der Post und die entsprechenden Rechte des Absenders stützen. Sehen wir weiter zu, welche Modifikationen diese grundsätzlichen Pflichten der Post erleiden und wann demgemäß die Verträge seitens der Post erfüllt sind, wenn der Empfänger von dem in § 48 PG. jcto § 42 I PO. geregelten gewöhnlichen Abholungsverfahren Gebrauch macht.

3. Die Erfüllung der Verträge im Falle gewöhnlicher Abholung.

I. Für das gewöhnliche Abholungsverfahren kommen dieselben Arten Postsendungen mit Ausnahme der Telegramme in Betracht wie für das Schließfachverfahren. Die für die Rechtswirkungen einer Abholungserklärung des Empfängers maßgebenden Grundsätze sind in § 48 PG. und in dem diesen ergänzenden § 42 der PO. enthalten. Den Wortlaut beider s. S. 6, Anm. 1; S. 4/5, Anm.

Die einer Modifikation ausgesetzten Grundpflichten der Post sind, da die Abholung naturgemäß auf die Erfüllung der der Post bis zur Ankunft bei der Bestimmungspostanstalt obliegenden Pflichten Wirkungen nicht zu äußern vermag und die Verwahrungspflicht bis zur Abholung fortdauert, nur

a) die Pflicht zu unverzögerter Bestellung und b) zu richtiger Aushändigung der Sendung, nämlich Aushändigung an den richtigen Adressaten oder dessen postordnungsmäßig ermächtigten Substituten.

Daß im Abholungsverfahren eine Bestellung in dem in § 36 PO. festgelegten technischen Sinn (s. o. S. 31) durch Beamte der Post nicht stattfindet, ist zweifellos. Daß der Begriff „Bestellung" in § 48 PG. völlig identisch ist mit dem des § 36 PO. kann unbedenklich angenommen werden, da PG. und PO. ein einheitliches Ganzes bilden und, falls ein gleichnamiger, in der PO. definierter Begriff im PG. eine andere Bedeutung haben sollte, er zweifellos anderweit definiert sein müßte. Dies ist nicht der Fall. Übrigens ist der Ausdruck „senden" in der Definition der „Bestellung" in § 36 unglücklich, ja geradezu sprachwidrig; es muß sinngemäß „bringen" an der Stelle stehen. Denn die Post läßt den Briefträger die Sendungen ins Haus bringen, d. h. sie läßt sie ihn bestellen, aber nicht läßt sie den Boten die Gegenstände senden. Ein Bote sendet nicht, sondern bringt; nur der Auftraggeber des Boten sendet oder läßt bringen. „Bestellen" heißt also nach PG. und PO. übereinstimmend „ins Haus bringen".

Wenn nun § 48 PG. bestimmt, daß die Postverwaltung „für die richtige Bestellung nicht verantwortlich ist", so kann dies nur heißen, dafür, daß die Gegenstände, die der Empfänger abholen läßt, ihm richtig ins Haus gebracht werden. Das Gesetz hat es für erforderlich erachtet, die Haftbarkeit der Post für diese Überbringung, die sie in Abweichung von ihren sonstigen Grundsätzen nicht selbst besorgt, eben deshalb, weil sie an sich dafür haftet, noch ausdrücklich auszuschließen; daß sie für die an diese Bestellung sich anschließende richtige Aushändigung seitens des Botens an den Empfänger ebensowenig haftbar ist, versteht sich dann von selbst. Nichts aber ist durch die ersten Worte des § 48 PG. darüber gesagt, daß etwa die Post auch für die Aushändigung der abzuholenden Gegenstände in keiner Weise verantwortlich zu machen sei. Denn zweifellos muß es auch im Falle der Abholung einen Moment geben, von dem an die Verantwortlichkeit der Post für die Sendungen aufhört.

II. Nach § 42 I, II PO. erfolgte die Aushändigung der abzuholenden Sendungen am Schalter, sei es an den abholenden Empfänger selbst oder an denjenigen, durch den jener sie abholen läßt. Von größter Bedeutung ist nun die für die Wirkungen dieser Aushändigung grundlegende Bestimmung des § 48 PG., Satz 2: Die Post braucht die Legitimation dessen, der sich zur Abholung meldet, nicht zu prüfen, sofern nicht auf den Antrag des Adressaten zwischen diesem und der Post ein desfallsiges besonderes Abkommen getroffen ist.[1] Es liegt auf der Hand, daß hierdurch die Verpflichtung zu einer richtigen Aushändigung, d. h. solcher an den Abholer des richtigen Empfängers, ganz wesentlich abgeschwächt wird. Sie wird zu einer bloßen Verpflichtung, nur an den bzw. nicht an einen anderen als den auszuhändigen, der die Sendungen verlangt, ohne daß ein triftiger Grund, seine Legitimation anzuzweifeln, vorliegt. Haftbar zu machen ist die Post hiernach nicht, wenn sie einem unbefugten Abholer die Sendungen, die auf den von ihm genannten Namen lauten, aushändigt, sondern z. B. nur, wenn sie aus Unachtsamkeit ihres Beamten einem Abholer Sendungen, die auf den Namen eines anderen abholenden Empfängers lauten, aushändigt und jener die ihm nicht zukommenden Gegenstände unterschlägt, oder wenn sie einem auf den ersten Blick als Unbefugten zu erkennenden oder ihr gar als nicht legitimiert bekannten Abholer ausfolgt. In dem durch diese beiden Beispiele angedeuteten Umfang aber ist auch bei der Abholung die Verpflichtung zu einer richtigen Aushändigung aufrecht zu erhalten.[2] Denn die Pflicht zu einer solchen gehört zu den grundsätzlichen Vertragspflichten der Post, deren Aufhebung für den Fall des Abholungsverfahrens in keiner Bestimmung des PG. oder der PO. zu finden ist, insbesondere auch nicht etwa in § 48 PG., wie oben ausgeführt ist. Wäre die Post bei Abholung nicht einmal in dem eben bezeichneten Umfang für richtige Aushändigung haftbar, so wäre die Folge, daß der Schalterbeamte kurzerhand alle für Abholer bestimmten Gegenstände auf einmal und alle durcheinander den Abholern hinausgeben könnte, damit diese sich dann ihre Sendungen selbst aussuchen könnten, wobei sie eigene und fremde Sendungen an sich nehmen könnten.

Irreführend und einfach unrichtig ist hiernach die auf den Formularen zur Abholungserklärung befindliche Notiz im letzten Absatz der „Bemerkungen“: „Dem Empfänger, der auf Grund einer abgegebenen Erklärung Sendungen von der Post abholen

---

[1] Doch ist die Post berechtigt, die Legitimation zu prüfen: ERG. XXXV S. 138; Dambach S. 198.

[2] So auch Dambach S. 197.

läßt, steht aus Veranlassung einer unrichtig erfolgten Bestellung (Aushändigung) ein Entschädigungsanspruch an die Postverwaltung nicht zu . . .“ Also hier gewissermaßen eine offizielle Begriffsverwirrung, die auch weiterhin noch von Bedeutung ist.

III. Diese Ausführungen gelten in vielen Fällen der Abholung nicht nur für die Sendung, z. B. das Paket oder den Wertbrief selbst, in vielen Fällen löst sich der die Post befreiende Vorgang, der eben als richtige Aushändigung in dem beschränkten Maße unter II charakterisiert wurde, in zwei Momente auf, ähnlich den oben behandelten Fällen, in denen ohne Abholungserklärung nach dem Willen der Post eine Bestellung stets ausgeschlossen ist und von ihr verweigert wird (S. 33 f.). Denn nach § 42 VII wird im Abholungsverfahren „bei eingeschriebenen Briefsendungen und Briefen mit Wertangabe zunächst nur der Ablieferungsschein, bei gewöhnlichen und eingeschriebenen Paketen, sowie bei Paketen mit Wertangabe zunächst nur die Postpaketadresse oder der etwaige Ablieferungsschein an den Abholer verabfolgt. Bei Postanweisungen wird zunächst nur die Postanweisung ohne den Betrag dem Abholer ausgehändigt.“

Das unter I, II Ausgeführte greift dann in vollem Umfang Platz zunächst für die Ablieferungsscheine sowie bei gewöhnlichen Paketen, bei denen das Formular zum Ablieferungsschein auf der Paketadresse keine Rolle spielt, weil eine Quittung bei jenen nicht zu leisten ist, für die Paketadresse.

Die Aushändigung der Sendung selbst ist dann der zweite Moment, der eine endgültige Befreiung der Post herbeiführt, und für den, wie in jenen analogen Fällen des § 36 PO. (oben S. 33f.), in erster Linie § 49 PG. und der dazu gehörige § 43 I PO. eingreift, außerdem aber auch § 48 PG. Diese Fälle der Abholung auf Grund einer Abholungserklärung stellen mithin eine zweite Gruppe von Fällen dar, in denen nach § 49 ein Ablieferungsschein reglementmäßig ausgeliefert sein muß, damit die Sendungen selbst unter den Modalitäten des § 49 PG. zur Aushändigung gelangen können.

Über die Aushändigung der Sendung selbst gilt demnach

auch in dieser Gruppe von Fällen des § 49 PG. genau dasselbe, wie schon oben (S. 34, 35) ausgeführt, über die Richtigkeit der Aushändigung aber alle Erörterungen unter II. Hervorzuheben aber ist noch, daß, wenn eine Sendung nach Abgabe des Ablieferungsscheines als richtig ausgehändigt angesehen werden soll, unbedingt dazu gehört, daß die Unterschrift des Empfangsberechtigten unter dem Scheine genau mit dem wirklichen Namen des (Adressaten) übereinstimmt;[1] denn die Aushändigung hat (nur) an den zu erfolgen, der den mit dem Namen des Empfangsberechtigten unterschriebenen Schein vorlegt und abgibt (§ 43 I PO.).

IV. Fassen wir dies alles zusammen, so ergibt sich für das Abholungsverfahren:

1. Ist die Sendung selbst sogleich auszuhändigen, so gilt § 48 PG. jcto § 42 I PO.: Aushändigung erfolgt an den sich zur Abholung Meldenden, dessen Legitimation die Post nicht zu prüfen braucht; sie ist auch nicht für richtige Bestellung verantwortlich.

2. Ist zunächst ein Ablieferungsschein auszufolgen, so gilt dasselbe von diesem.

3. Wird hierauf die Sendung selbst ausgehändigt, so gilt zunächst § 49 PG. jcto § 43 PO.: Aushändigung erfolgt an den die Sendung Verlangenden, dessen Legitimation die Post wiederum nicht zu prüfen braucht, ebensowenig wie die Echtheit der Unterschrift oder des Siegels unter dem von ihm zurückgegebenen Ablieferungsschein; ferner gilt § 48 PG.: die Post ist für die richtige Bestellung der Sendung selbst nicht verantwortlich.

Bei allen einzelnen Vorgängen nach 1.—3. ist die Post jeweils für richtige Aushändigung nur in dem oben unter I gekennzeichneten beschränkten Umfang haftbar.

Zu erwähnen ist noch, daß ein Analogon der Pflicht zur Unverzüglichkeit der Bestellung in das Abholungsverfahren durch die in § 42 VI PO. festgesetzte Bestimmung herübergenommen ist, daß gewöhnliche Briefsendungen für die Abholer spätestens $1/2$ Stunde nach der Ankunft der einzelnen Post zur Ausgabe gestellt sein müssen.

---

[1] Ebenso Dambach a. a. O. S. 202 unter „Namensunterschrift".

V. Nach alledem ist über die Erfüllung der Verträge im Falle gewöhnlicher Abholung folgendes zu sagen. Wie in den Fällen, wo eine Bestellung der Sendung erfolgt, nach der dieser folgenden richtigen Aushändigung eine weitere Pflicht der Post nicht obliegt, so bildet auch bei der gewöhnlichen Abholung die Pflicht zu richtiger Aushändigung, allerdings in der oben gekennzeichneten, durch die Eigenart des Abholungsverfahrens herbeigeführten wesentlichen Abschwächung, die letzte von ihr zu erfüllende, ihre Erfüllung also bedeutet zugleich die der einzelnen Verträge, d. h.

1. der Postbeförderungsvertrag ist erfüllt mit der Aushändigung der Sendung an den, der sich zur Abholung der auf den Namen des vom Absender genannten Empfängers lautenden Sendungen meldet und nicht offensichtlich als unbefugt erscheint. Handelt es sich um eingeschriebene Briefsendungen, Wertbriefe, Pakete, eingeschriebene Pakete oder solche mit Wertangabe, so ist der Vertrag nicht schon erfüllt mit der ordnungsmäßigen Aushändigung des zunächst allein zur Auslieferung gelangenden Ablieferungsscheines, mit der vielmehr nur die oben hervorgehobenen Wirkungen eintreten, sondern mit Aushändigung der Sendung selbst an den, der unter Abgabe des richtig unterschriebenen Ablieferungsscheines, bzw. bei gewöhnlichen Paketen der nicht quittierten Paketadresse, die Sendung verlangt.

2. Der Postanweisungsvertrag ist erfüllt mit Auszahlung der Postanweisungssumme an denjenigen, der unter Abgabe des mit dem richtigen Namen des Empfangsberechtigten quittierten Postanweisungsformulars die Auszahlung verlangt, nicht schon mit richtiger Aushändigung des letzteren an den sich zu dessen Abholung Meldenden.

3. Das Postzeitungsgeschäft: wie der Postbeförderungsvertrag über gewöhnliche Briefsendungen (1.).

4. Postnachnahmeverträge: entsprechend den ihnen immanenten Beförderungsverträgen, also z. B. eingeschriebene Nachnahmebriefe mit Aushändigung des Briefes an den Vorzeiger des quittierten Ablieferungsscheines, die jedoch erst nach Berichtigung des Nachmahmebetrages erfolgen darf (§ 19 IV PO.). Unterbleibt diese, so ist der Vertrag bereits mit ordnungsmäßigem

Anbieten an den die Sendung Verlangenden und den Ablieferungsschein Abgebenden erfüllt.

VI. Von Wichtigkeit ist die Bestimmung des § 42 VIII PO., die einer Verzögerung der Abholung lagernder Gegenstände sowohl im Interesse des Absenders als der Post vorbeugen soll. Ungeachtet, nämlich der abgegebenen Abholungserklärung, erfolgt die Bestellung durch Boten der Postanstalt,

1. wenn der Absender Eilbestellung verlangt hat,

2. wenn es auf die Bestellung von Briefen mit Zustellungsurkunde oder auf die Vorzeigung von Postaufträgen ankommt,

3. wenn es sich um Einschreibsendungen, Postanweisungen und Sendungen mit Wertangabe handelt, die vom Absender mit dem Vermerk „Eigenhändig“ versehen sind,

4. wenn der Empfänger den lagernden Gegenstand nicht am Tage nach dem Eingang, bei Sendungen mit lebenden Tieren nicht binnen 24 Stunden nach dem Eintreffen abholen läßt. Die Ablehnung der Zahlung der Bestellgebühr im Falle 4 gilt als Verweigerung der Annahme.

In den Fällen 1—3 werden die Sendungen überhaupt nicht erst zur Abholung bereit gestellt, sondern sofort zur Bestellung gegeben, auf die die gewöhnlichen Bestimmungen über Bestellung Anwendung finden (oben 2, II). Dagegen handelt es sich unter 4. um „lagernde Gegenstände“, und zwar jeder Art, auch sind die Ablieferungsscheine bzw. Paketadressen zu gewöhnlichen Paketen darunter verstanden. Lagert nämlich sowohl der Ablieferungsschein bzw. die Adresse als auch die zugehörige Sendung, so wird als lagernder Gegenstand vorläufig nur der gemäß § 42 VII PO. zunächst allein auszufolgende Ablieferungsschein angesehen und demgemäß als der „lagernde Gegenstand“ allein bestellt. Dies folgt sowohl aus § 42 VII PO. wie aus § 43 III PO., wo ausdrücklich auf die Fälle hingewiesen wird, in denen nach § 42 VIII [1]

[1] In § 43 III steht statt „§ 42 VIII“ § 42 VI; der Absatz VI war vor der 1901 erfolgten Einfügung der jetzigen Absätze II und III in § 42 der richtige Absatz, auf den in § 43 III verwiesen wurde. Während nun durch diese Einfügung zweier Absätze die früheren Absätze II—VI zu den Absätzen IV—VIII wurden, ist eine entsprechende Abänderung in den Paragraphen der PO., in denen auf einen früheren Absatz des § 42 ver-

die Postpaketadresse und die Ablieferungsscheine bestellt worden sind.[1]

Für die Bestellung der Ablieferungsscheine gilt dann das (oben S. 33 III) Ausgeführte mit der Erweiterung hinsichtlich der Person des zum Empfang Ermächtigten dahin, daß nach § 42 VII PO. als ermächtigt zum Empfang für die Ablieferungsscheine zu den verschiedenen Arten Sendungen in Betracht kommt, wer zum Empfang der Sendung selbst ermächtigt wäre (oben S. 31 II), z. B. können Ablieferungsscheine zu Einschreibsendungen und Postanweisungen bis 400 Mk. an erwachsene Familienmitglieder ausgehändigt werden; gewöhnliche Briefsendungen an die auf S. 32 aufgezählten Personen.

Über die Abholung der zu den bestellten Ablieferungsscheinen gehörigen Sendungen gilt allenthalben das unter III, IV dieses Abschnittes Ausgeführte.

Ist nun zwar der Ablieferungsschein (bzw. bei gewöhnlichen Paketen die Adresse) abgeholt oder sind diese Gegenstände gemäß § 42 VIII PO. wegen Verzögerung ihrer Abholung bestellt worden, und wird nunmehr die Sendung selbst nicht rechtzeitig abgeholt, so greift § 43 III PO. Platz, es müssen demnach, soweit gewöhnliche, zur Bestellung geeignete Pakete in Frage kommen — nicht

---

wiesen wird, versehentlich unterblieben. Es ist daher statt § 42 VI in § 43 III vielmehr § 42 VIII zu lesen.

[1] § 43 III PO. lautet: „Wenn der Empfänger unterläßt, auf Grund der abgeholten Postpaketadressen, Ablieferungsscheine und Postanweisungen die Sendungen oder Geldbeträge bei der Postanstalt abzufordern, so werden

a) gewöhnliche Pakete, soweit sie sich zur Bestellung eignen, am zweiten Tage nach dem Eingange unter Beachtung der Vorschriften des § 42 VI (!) in die Wohnung bestellt,

b) gewöhnliche Pakete, welche sich nicht zur Bestellung eignen, Einschreibsendungen, Sendungen mit Wertangabe und Postanweisungsbeträge am achten Tage nach dem Eingang als unbestellbar behandelt.

Die Bestimmung unter b) findet auch auf die Sendungen Anwendung, bei denen nach §§ 36 I und 42 VI (!) die Postpaketadresse usw. bestellt worden sind. Bei Bemessung der Fristen bleiben Sonntage und allgemeine Feiertage außer Betracht.

Bei Sendungen mit lebenden Tieren tritt in den Fällen zu a) und b) die Bestellung oder die Unbestellbarkeit bereits nach Ablauf von 24 Stunden nach dem Eingang ein (vgl. § 6 I).

geeignet sind z. B. Wertpakete über 3000 Mk. (§ 36 I PO.) — die Vorschriften über Bestellung weiterhin Anwendung finden, alle übrigen Sendungen aber werden als unbestellbar erachtet. Damit erwachsen der Post neue Pflichten, die aber hier nicht interessieren, da sie mit der Abholung in keinem Zusammenhang mehr stehen.

Insoweit also Ablieferungsscheine bzw. Paketadressen oder die zugehörigen Sendungen oder beides nicht rechtzeitig abgeholt wird, gilt jedesmal nach Ablauf bestimmter Fristen die Abholungserklärung als hinsichtlich der betreffenden Gegenstände nicht erfolgt. Im übrigen ändert die Bestimmung des § 42 VIII an den Ausführungen über die Erfüllung bei tatsächlich stattfindender, rechtzeitiger Abholung, die weitaus die Regel ist, nichts.

Auf diesem Abholungsverfahren baut sich das Schließfachverfahren auf. Es ist zunächst zu fragen, wann bei dessen Vorliegen die einzelnen Verträge erfüllt sind und wann die der Aushändigung der Ablieferungsscheine im gewöhnlichen Abholungsverfahren entsprechenden Wirkungen eintreten.

4. Die Erfüllung der Verträge bei Vorliegen eines Schließfachabkommens.

I. Da dem Schließfachverfahren das gewöhnliche Abholungsverfahren zugrunde liegt, gilt vor allem der für dieses die Rechtsgrundlage bildende § 48 PG. und gelten weiter alle Bestimmungen des § 42 PO., der die den § 48 PG. ergänzenden Vertragsbedingungen über die Abholung enthält und noch eine Reihe ausdrücklich nur auf das Schließfachverfahren bezogene Bestimmungen trifft.

Auch in diesem findet eine Bestellung durch Boten der Post nicht statt; wie sie bei gewöhnlicher Abholung durch den, der die Sendungen bzw. Ablieferungsscheine am Schalter in Empfang nimmt, erfolgt, so hier durch den, der das Schließfach leert. § 48 PG. schließt nun auch hier die Haftung der Post für die richtige Überbringung der dem Fach entnommenen Gegenstände aus. Es gilt in dieser Beziehung völlig das oben (S. 38) Erörterte: Auch hier kann der Ausdruck „Bestellung“ in § 48 PG. auf irgend etwas anderes als das „Ins Haus bringen“ aus den dort gegebenen Gründen nicht gehen, insbesondere nicht auf die Aushändigung.

Eine Aushändigung im Sinne einer Übergabe von Hand zu Hand, wie sie im gewöhnlichen Abholungsverfahren stattzufinden hat, erfolgt nun im Schließfachverfahren nicht, und hierin liegt ein wesentlicher Unterschied von jenem Verfahren. Soweit daher die Auslieferung von Gegenständen durch das Schließfach vermittelt wird, greifen die für das Abholungsverfahren gefundenen Grundsätze über die Pflicht der Post zu einer richtigen Aushändigung nicht Platz. Von welchem Moment an ist nun im Schließfachverfahren die Post von jeglicher Verantwortung für das weitere Schicksal des auszuliefernden Gegenstandes befreit?

Nach § 42 II (S. 4/5 Anm.) erfolgt die Aushändigung, wenn die Postbehörde dem Abholer ein Schließfach überlassen hat, durch Einlegen in dieses Fach, d. h., an die Stelle der richtigen Aushändigung am Schalter tritt hier die Einlegung in das Fach des Abholers. Damit ist unzweideutig zum Ausdruck gebracht, daß die Post in das Fach des Abholers („dieses Fach“), also in das richtige Fach einzulegen hat.

Was ist einzulegen? Da § 42 II ganz allgemein sagt: „Die Aushändigung erfolgt . . .“, so ist im einzelnen Fall mit Rücksicht besonders auf § 42 VII gemeint: des Gegenstandes, der zunächst durch Einlegen auszuhändigen ist, d. i. entweder die Sendung selbst oder, falls es sich um eine Sendung des § 42 VII handelt, bei denen zunächst nur der Ablieferungsschein (bzw. die Paketadresse zu gewöhnlichen Paketen) auszuhändigen ist, dieser.

Sind diese Gegenstände in das richtige Schließfach eingelegt, so sind sie im Sinne des § 49 PG. reglementmäßig ausgeliefert, d. h.

1. für die gewöhnlichen Briefsendungen: Da das Einlegen die letzte der Post obliegende Handlung ist — denn es schließt sich unmittelbar das ohne jede Verantwortung der Post durch den Abholer selbst erfolgende „Ins Haus bringen“ an — so hat die Post mit dem richtigen Einlegen dieser Sendungen den Vertrag erfüllt.

2. Für die Sendungen, zu denen die Ablieferungsscheine richtig eingelegt sind, bedeutet das, daß die Wirkungen der in

§ 49 PG. geforderten „reglementmäßigen Auslieferung von Formularen zu Ablieferungsscheinen“ eintreten, sowie die des dazu gehörigen § 43 PO., der das weitere Verfahren betr. die Aushändigung der Sendung selbst regelt. Zu den oben aufgestellten beiden Gruppen von Fällen, in denen nach § 49 PG. ein Ablieferungsschein reglementmäßig ausgeliefert sein muß, damit die Sendungen selbst unter den Modalitäten des § 49 PG. ·|· § 43 PO. zur Auslieferung gelangen können, tritt hiermit eine dritte Gruppe, die deshalb wiederum eine besondere ist, weil die Art und Weise der reglementmäßigen Auslieferung von der der beiden anderen Gruppen wieder verschieden ist. Daß diese durch das Schließfachverfahren geschaffene Gruppe unter § 49 PG. fällt, der ganz allgemein das für die Aushändigung der Sendung selbst zu beobachtende Verfahren regelt, so oft zunächst nur Ablieferungsscheine, wie es auch im Schließfachverfahren geschieht, ausgeliefert werden, kann keinem Zweifel unterliegen, ebensowenig, daß im Schließfachverfahren diese Auslieferung der Scheine eine reglementmäßige sein muß, wenn anders die Post die Vergünstigungen des § 49 PG. hinsichtlich der Verantwortlichkeit für richtige Aushändigung der Sendung selbst für sich in Anspruch nehmen will.

Die Wirkung der reglementmäßigen Auslieferung der Ablieferungsscheine, also der richtigen Einlegung, besteht demnach darin, daß die bereits oben (S. 34 f., 40 f.) gefundenen Grundsätze über die Aushändigung der Sendung selbst im vollen Umfange eingreifen: Sie erfolgt an den, der sich zur Abholung meldet und den mit dem Namen des Empfangsberechtigten quittierten Ablieferungsschein (bei gewöhnlichen Paketen die nicht quittierte Adresse) abgibt, wobei der Post eine Prüfung der Legitimation des den Schein Präsentierenden oder der Echtheit eines beigefügten Siegels nicht obliegt. Hiernach greift weiter der Grundsatz, daß die Post auch bei Abholung in beschränktem Umfang richtig auszuhändigen habe, im Schließfachverfahren insoweit Platz, als es sich um die Aushändigung der Sendung selbst nach richtiger Einlegung der Scheine handelt. Das Verfahren ist hinsichtlich der Sendung selbst genau das gleiche wie im gewöhnlichen Abholungsverfahren. Für die richtige „Bestellung“ ist die Post auch hier nach § 48 PG. nicht verantwortlich.

Weitere Wirkungen vermag die Einlegung des Ablieferungsscheines nicht hervorzubringen. Insbesondere darf man sich nicht deshalb, weil die bloße Innehabung des Scheines nach § 49 PG., § 43 I PO. schon genügt, um die Befugnis zur Empfangnahme der Sendung zu begründen, zu dem Schlusse verlocken lassen, daß der Ablieferungsschein ein Legitimationspapier sei. Denn hierzu mangelt es an der Verbriefung eines Rechtes in dem Schein, eines Rechtes, das die Begebung des Legitimationspapiers seitens des Verpflichteten verschafft; dafür aber ist in der Übergabe des Ablieferungsscheines kein Anhalt zu finden, weder in einem etwa stillschweigend erklärten Parteiwillen, noch in dem Inhalt des Scheines selbst.[1] Der Schein ist, wie Hellwig[2] ausführt, seiner juristischen Natur nach weder eine Erklärung des Absenders, welche die Post dem Adressaten zustellt, noch eine Verpflichtungserklärung der Post, sondern seine Zustellung hat lediglich den Zweck, den Adressaten von der Ankunft der Sendung zu benachrichtigen, damit er für die Abholung Sorge trage. Praktischerweise wird die Benachrichtigung durch Aushändigung eines Formulars für die Quittung bewerkstelligt. Daß die Erlangung des Besitzes am Ablieferungsschein nicht auch den Besitz der Sendung verschafft, wie Schröder[3] meint, wird bei Erörterung der besitzrechtlichen Fragen dargetan werden.

Unter keinen Umständen kann die Sendung selbst als mit der Einlegung des Ablieferungsscheines ausgehändigt gelten, weder postrechtlich, noch etwa hinsichtlich des beispielsweise handelsrechtlichen Verhältnisses des Absenders zum Adressaten. So hat das Oberlandesgericht Hamburg entschieden,[4] daß Ablieferung der Paketadresse an den Empfänger und Annahme seitens desselben nicht Ablieferung im handelsrechtlichen Sinne der im zugehörigen Paket befindlichen Waren bedeute; vor der Abholung

---

[1] Frommer, a. a. O. S. 36.

[2] A. a. O. S. 527.

[3] „Der Eigentumserwerb an versendeten Sachen", in Goldschmidts Zeitschrift Bd. 51 S. 42.

[4] Urteil v. 14. März 1902, vgl. Mugdan und Falkmann, Die Rechtsprechung der Oberlandesgerichte auf dem Gebiete des Zivilrechts, Bd. VI. S. 91 f. — Auch Dambach, a. a. O. Nachtrag 1901, vorletzte Seite.

des Paketes sei die handelsrechtliche Ablieferung nicht eher als vollendet anzusehen, als bis der Adressat auf eine etwaige Aufforderung seitens des Absenders zur Abnahme hin der Adressat sich dazu bereit erklärt habe. Vor der Abholung des Paketes trete daher durch bloße Annahme der Paketadresse keine Verpflichtung des Adressaten zur Untersuchung und Mängelanzeige ein.

Daß auch postrechtlich die Auslieferung der Sendung selbst noch nicht als erfolgt gilt, hat zur Folge, daß der Absender die Sendung noch zurückfordern kann; hierüber ist unter B, 3 zu sprechen.

II. Die Verträge der Post sind hiernach im Falle eines Schließfachabkommens erfüllt:

1. Der Postbeförderungsvertrag: mit richtiger Einlegung der Sendung in das Fach des Empfängers. Handelt es sich um die in § 42 VII PO. aufgeführten Sendungen, bei denen im gewöhnlichen Abholungsverfahren zunächst nur die Aushändigung der Ablieferungsscheine an den Abholer erfolgt, so tritt im Schließfachverfahren an ihre Stelle die richtige Einlegung jener in das Fach des Empfängers, mit der zwar ebensowenig wie mit jener Aushändigung der Vertrag bereits erfüllt ist, die aber nach § 42 II PO. in Verbindung mit § 42 VII sich als ein Teil der Verpflichtung zu ordnungsmäßiger Auslieferung darstellt und hinsichtlich ihrer Ordnungsmäßigkeit strengere Anforderungen stellt als die Ordnungsmäßigkeit der Aushändigung der Sendung selbst. Die Verpflichtung zu letzterer erschöpft sich mit genau demselben Inhalt wie im gewöhnlichen Abholungsverfahren. Demgemäß ist hier auch bei Vorliegen eines Schließfachabkommens der mit dem Absender geschlossene Vertrag erfüllt mit Aushändigung der Sendung selbst an den, der unter Abgabe der richtig quittierten Scheine (bei gewöhnlichen Paketen der unquittierten Adresse) die Sendung verlangt (S. 47); für eine unrichtige Aushändigung dieser haftet die Post z. B. nur, wenn der Schein nicht mit dem Namen des Empfangsberechtigten oder mit einem mit jenem nicht völlig übereinstimmenden Namen quittiert ist; selbst scheinbar unwesentliche Abweichungen können dabei von großer Bedeutung sein.

2. Der Postanweisungsvertrag: ist erfüllt mit Auszahlung des Betrages der Anweisung an den, der unter Abgabe des mit

dem Namen des Empfangsberechtigten unterschriebenen „Formulars zum Ablieferungsschein“ auf der Anweisung die Auszahlung verlangt; vorausgesetzt ist auch hier, daß die Post vorher das Formular richtig ins Fach gelegt hatte; es gilt hierfür das unter 1. Gesagte.

3. Der Postzeitungsvertrag: wie beim Postbeförderungsvertrag über gewöhnliche Briefsendungen mit richtiger Einlegung der Zeitung in das Fach des Empfängers.

4. Postnachnahmeverträge: Da bei gewöhnlichen Nachnahmebriefsendungen nicht die Sendung selbst, sondern nur eine sogen. Benachrichtigungskarte ins Fach gelegt wird und hierauf erst die Sendung selbst am Schalter gegen Berichtigung des Nachnahmebetrags ausgehändigt wird, gilt über Erfüllung nichts anderes als im gewöhnlichen Abholungsverfahren (S. 42). Über die Benachrichtigungskarten ist unten zu sprechen (7.).

Sind Sendungen, zu denen ein Ablieferungsschein gehört, mit Nachnahme belastet, so wird dieser in das Fach eingelegt, als handle es sich nicht um eine Nachnahmesendung. An diese Einlegung sind daher dieselben Anforderungen zu stellen wie sonst. Der Charakter dieser Sendungen als Nachnahmesendungen tritt ganz in den Hintergrund, was die Aushändigung der Ablieferungsscheine anlangt. Über die Erfüllung des Vertrags gilt dasselbe wie S. 42 ausgeführt.

III. Besonders zu erwähnen sind noch die Telegramme, die nach einer besonderen Verordnung des Reichspostamtes auch im Wege des Schließfachverfahrens ausgehändigt werden können, während das gewöhnliche Abholungsverfahren auf sie nicht anwendbar ist. Irgend eine Bestimmung darüber, daß das Schließfachverfahren für Telegramme zulässig ist, findet sich in der PO. nicht, wie sie auf das Telegraphenwesen überhaupt nur bei den Bestimmungen über telegraphische Postanweisungen (§ 21) Bezug nimmt. Nun ist einerseits zweifellos, daß der hier nicht zu erörternde Telegraphenvertrag kein reiner Beförderungsvertrag ist, sicher auch nicht unter die Bestimmungen der PO., sondern der Telegraphenordnung fällt; weiter konnten bei Erlassung der Bestimmungen des § 42 II, III über die Schließfächer die Telegramme gar nicht mit ins Auge gefaßt sein — denn jene Verordnung ist erst einige Zeit nach dieser Änderung der PO. ergangen und dem gewöhnlichen Abholungsverfahren war und ist die Abholung von Telegrammen fremd —; andererseits aber liegen nach Ausfertigung eines Telegramms der Post durchaus gleiche Pflichten, Bestellung und richtige Aushändigung: Telegr.-Ordn. § 20, ob wie beim Beförderungsvertrag nach Eingang bei der Bestimmungspostanstalt. Deshalb wird es ohne Frage zulässig und sogar nicht zu umgehen sein, bei der Feststellung, wann hier der Telegraphenvertrag erfüllt ist, die Bestimmungen des § 42 PO und § 48 PG. per analogiam auf die Telegramme anzuwenden. Hiernach ergibt sich, daß die Post ihren Pflichten aus dem Telegraphenvertrag ledig ist mit richtiger Einlegung des Telegramms in das Schließfach des Empfängers.

IV. Die Vorschrift des § 42 VIII PO. (oben S. 43 f.) greift auch im Schließfachverfahren ein, „lagernde Gegenstände“ werden auch hier, falls ihre Abholung verzögert wird, bestellt. Unter Übergehung der Fälle 1 bis 3 des § 42 VIII, in denen eine Einlegung der Sendung bzw. Ablieferungsscheine gar nicht erst erfolgen darf, vielmehr unverzügliche Bestellung und Aushändigung nach den gewöhnlichen Regeln zu erfolgen hat, ist bezüglich der „lagernden“, richtiger hier „ins Fach gelegten“ Gegenstände festzustellen, daß nach Ablauf der in der PO. gesetzten Fristen zur Abholung bzw. Leerung der Fächer die Gegenstände dem Fach zu entnehmen und nach den Regeln zu bestellen sind, nach denen die im gewöhnlichen Abholungsverfahren nicht rechtzeitig abgeholten Gegenstände zu bestellen sind (S. 44). Das Schließfachabkommen wird demnach als nicht getroffen, die Einlegung als nicht geschehen angesehen, alle sich sonst an diese knüpfenden befreienden oder die Haftung der Post erleichternden Wirkungen fallen weg, die Verträge sind anderweit nach den gewöhnlichen Grundsätzen über Bestellung bzw. gewöhnliche Abholung zu erfüllen.

Sind zwar die ins Fach eingelegten Gegenstände rechtzeitig vom Empfänger dem Fache entnommen worden, verzögert er aber die Abholung der zu den Scheinen gehörigen Sendungen, so gilt dasselbe wie im gewöhnlichen Abholungsverfahren (S. 44 f.). Eine Besonderheit gilt für Zeitungen, die nicht nach Ablauf jener Fristen bestellt werden, da die Bestellung bei ihnen nur erfolgt, wenn der Empfänger das Bestellgeld zugleich mit der Abonnementsgebühr bezahlt; in diesem Fall aber unterliegen die Zeitungen nicht dem Schließfachverfahren. Die Post läßt Zeitungen bedeutend länger lagern; nach Ablauf gewisser Zeiten werden sie vernichtet.

An den Ausführungen über die Erfüllung der Verträge und den Eintritt gewisser Rechtswirkungen, die sich an die Einlegung der Gegenstände ins Fach knüpfen, vermag auch hier die Bestimmung des § 42 VIII nichts zu ändern. Sie ist übrigens, was Telegramme, die nicht rechtzeitig abgeholt werden, anlangt, analog auf diese auszudehnen; die Bestellung des Telegramms hat dann nach den Bestimmungen der Telegraphenordnung zu erfolgen.

5. Die Haftung der Post bei Verletzung der ihr infolge des Schließfachabkommens erwachsenden Pflichten.

I. Die bei weitem wichtigsten Fälle der Verletzung von Vertragsverpflichtungen seitens der Post im Schließfachverfahren beruhen darauf, daß Sendungen bzw. Ablieferungsscheine nicht in das richtige Fach eingelegt werden oder überhaupt in ein solches durch Verschulden der Post nicht gelangen. Die Frage nach den Wirkungen dieser typischen Fälle gibt Veranlassung zur Aufrollung verschiedener wichtiger Fragen.

Fassen wir zunächst den Fall ins Auge, daß eine postordnungsmäßig eingelieferte Postanweisung bei der Bestimmungspostanstalt angelangt ist, wo sie dem Empfänger mittels des Schließfachverfahrens auszuantworten ist. Er hat sie jedoch nicht in die Hände bekommen und es ist ihm daher auch der Geldbetrag nicht ausgezahlt worden, vielmehr ist dieser von einer dritten, unbekannten, dazu nicht befugten Person, die in den Besitz der Postanweisung gelangt war und die auf ihrer Rückseite befindliche Quittung fälschlicherweise mit der Namensunterschrift des wirklichen Empfängers versehen hat, erhoben worden. Nehmen wir an und behaupten wir mit dem klagenden Absender, daß die Postanweisung von dem verteilenden Beamten versehentlich in ein anderes Fach gelegt und so in die Hände eines Dritten gelangt sei, also auf Grund einer Vertragsverletzung — unrichtiger Einlegung. Genau dieser Fall liegt einer Entscheidung des Amtsgerichts Oppeln zugrunde, die in der Berufungsinstanz vom Landgericht Oppeln bestätigt worden ist. Beide Entscheidungen[1] seien im folgenden in Rücksicht gezogen, da sie ein für die verhältnismäßige Abgelegenheit des Gebietes ungewöhnliches Verständnis des Postwesens und seines Rechtes erkennen lassen.

II. Als erste der erwähnten Fragen taucht auf: In welcher Weise und in welchem Maße haftet die Post, die tatsächlich den bei ihr eingezahlten Geldbetrag gegen eine Quittung, die sie auf ihre Echtheit hin nicht zu prüfen hat, wieder ausgezahlt hat, für eine vorangegangene Vertragsverletzung, die die Auszahlung an einen Unberechtigten nach sich zieht?

Nach § 6 PG. „leistet die Postverwaltung für die auf Postanweisungen eingezahlten Beträge Garantie“. Dies kann nur bedeuten, daß, wie überhaupt der Verlust von Sendungen das Hauptthema des § 6 bildet, für den Verlust der Geldsendung Garantie geleistet wird, oder, wie Hellwig[2] sagt, deshalb, weil sie Summenschuldnerin wird, trägt sie die Gefahr, bis das Geld an den Empfänger oder Absender gezahlt ist.

Verloren ist eine Sendung im Sinne des § 6 PG., „wenn das eingelieferte Poststück nicht an den Adressaten gelangt und auch nicht wiederzuerlangen ist, mag das Poststück, während es sich im Gewahrsam der Postverwaltung befand, entwendet, von einer Person der Postverwaltung unterschlagen oder versehentlich an eine unrichtige Person ausgeantwortet und von dieser unterschlagen sein“.[3] Nun kann zwar bei Einzahlung von Geld auf eine Postanweisung nicht von einem Verluste der Postsendung gesprochen werden, aber es unterliegt doch keinem Zweifel, daß, wenn der Geldbetrag an einen Unberechtigten ausgezahlt wird, in analoger Weise ein Verlust der Geldsendung für den Absender vorliegt.[4] Ist eine solche Auszahlung erfolgt, so ist daher der

---

[1] Auszugsweise abgedruckt in der Deutschen Postzeitung, Jahrgang 1905, Nr. 10.

[2] A. a. O. S. 531.

[3] Entsch. des RG. in Zivils. v. 16. Nov. 1892.

[4] So auch Entsch. des AG. Oppeln.

Fall der Garantieleistung gegeben. Das Reichsgericht hat diesen Satz mit den Worten ausgesprochen: „Die Garantie der Post erstreckt sich darauf, daß die eingezahlten Beträge an den richtigen Adressaten ausbezahlt werden.“[1] Damit ist nicht gesagt, daß die Post nicht im einzelnen Falle mit Erfolg einwenden könnte, sie sei für den Verlust nicht verantwortlich zu machen, weil sie alles getan habe, was ihr gemäß ihren Vertragspflichten obgelegen habe, um einem Verluste der Sendung vorzubeugen. Würde z. B. festgestellt, daß die Anweisung richtig in den Händen des Adressaten, diesem also richtig ausgehändigt gewesen, ihm aber entwendet und darauf mit gefälschter Quittung von dem Diebe zur Auszahlung präsentiert worden sei, so würde die Post gemäß § 49 PG. völlig befreit sein; dem Hinweis auf ihre Garantiepflicht würde sie hier wirksam mit der Einwendung begegnen, sie habe mit der richtigen, reglementmäßigen Aushändigung der Postanweisung alles getan, was ihr zur Herbeiführung einer ordnungsmäßigen Auszahlung obgelegen habe.

Die Worte „für die eingezahlten Beträge“ haben die Bedeutung, daß die Garantiepflicht und die Haftung sich nur so weit erstreckt, als die Post das Geld tatsächlich empfangen hat, und z. B. entfällt, wenn das hingegebene Geld gefälscht war.

III. Wem steht der Anspruch aus dieser Garantiepflicht zu? Zweifellos dem Kontrahenten des Postanweisungsvertrages, also dem Absender, und nur diesem. Dies geht unzweideutig aus § 6 PG. hervor, der im unmittelbaren Anschluß an die dort ausdrücklich dem Absender zugesprochenen Ersatzansprüche wegen Verlustes und Beschädigungen von Postsendungen fortfährt: „Für die auf Postanweisungen eingezahlten Beträge leistet die Postverwaltung Garantie.“[2]

Daran, daß nur der Absender den Anspruch aus der Garantie

---

[1] ERG. Bd. XLI S. 110.

[2] Befremdlich ist es, daß Hellwig den Anspruch aus der Garantiepflicht auch dem Empfänger zuspricht. Wäre dies im Sinne des PG., so würde dieses in § 6, der allenthalben ausschließlich vom Absender spricht, unbedingt einen entsprechenden Zusatz zu obigem Grundsatz gemacht haben. Die unzureichend begründeten und nicht überzeugenden Deduktionen Hellwigs s. a. a. O. S. 531 ff.

hat, ändert nichts der Umstand, daß in dem vorangestellten Fall der Verlust infolge des durch Vertrag zwischen Post und Empfänger geschlossenen Schließfachabkommens eingetreten ist. Denn die aus dem Abschluß des letzteren hervorgehenden Pflichten der Post — Einlegung in das richtige Fach — sind, wie oben eingehend hervorgehoben, nur solche ihr gegenüber dem Absender obliegende, Vertragsverletzungen verpflichten sie daher auch nur diesem gegenüber zum Schadensersatz, zur Erfüllung ihrer Garantieleistung. Zudem braucht der Absender im Falle eines Verlustes der Geldsendung annehmbar durch das Schließfachverfahren und einer unrichtigen Einlegung in sein Fach hierauf überhaupt gar nicht Bezug zu nehmen; denn um den Grund des Verlustes, der Nichtauszahlung an den richtigen Adressaten, braucht er sich gar nicht zu kümmern. Zur Begründung seines Anspruchs aus der Garantiepflicht der Post genügt vollkommen die bloße Tatsache des Verlustes der Geldsendung trotz ordnungsmäßiger Einlieferung, d. h. die Tatsache der Auszahlung an einen anderen als den Empfangsberechtigten.

In durchaus richtiger Erkenntnis der Tatsache, daß das Schließfachabkommen als Bestandteil des Vertrages zwischen Post und Absender nur die Pflichten der Post gegenüber letzterem modifiziert, ohne den Empfänger, Schließfachinhaber, selbständige Rechte zu verschaffen, hatte in dem zur Erörterung stehenden Fall der Kläger, der Empfänger, sich den Anspruch des Absenders abtreten lassen.

IV. Der eben aufgestellte Satz, daß zur Entstehung des Anspruches aus der Garantie die bloße Tatsache des Verlustes genügt, beruht auf dem Grundsatze über die Garantie in § 6 PG. Von weittragender Bedeutung ist dies für die Frage, was der Absender bei Geltendmachung des Anspruches aus der Garantie zu beweisen hat.

Klaggrund ist, daß er eine Postanweisung zur Einlieferung gebracht und den Betrag eingezahlt — also postordnungsmäßig eingeliefert — habe und daß dieser Betrag nicht an den Adressaten der Anweisung ausbezahlt worden sei. Diese Tatsachen allein braucht er zu behaupten und muß er beweisen, weiteres nicht.[1] Der Nachweis der postordnungsmäßigen Einlieferung wird nach § 31 PO. voll erbracht durch den Einlieferungsschein, der des Nichtempfanges durch den richtigen Adressaten ist auch nicht schwierig.

Fügt nun in unserem Falle der Absender seinen Behauptungen hinzu, die Ursache des Verlustes müsse in einer unrichtigen Einlegung der Anweisung in das Schließfach zu suchen sein, so ist dies nur eine Erklärung, wie er sich den Verlust herbeigeführt denkt; hierfür ist er aber nicht beweispflichtig. Klaggrund ist eben nicht die Behauptung des Nichtempfanges seitens des richtigen Adressaten, weil die Post unrichtig eingelegt hätte, sondern nur die Behauptung des Nichtempfanges.

Wendet nun, wie es in dem zur Entscheidung gekommenen Fall in der ersten Instanz seitens des Postfiskus geschehen ist, die Post ein, der Verlust, bzw. die Veranlassung zu dem Verluste, d. h. der falschen Auszahlung, also das Gelangen der Postanweisung in die Hände eines unberechtigten Dritten sei erst zu einer Zeit eingetreten, als die Post eine Verantwortung für die Anweisung nicht mehr gehabt hätte, nämlich erst nach dem Momente der Einlegung der Anweisung in das Schließfach des Empfängers — ein Moment, der allerdings, wie wir oben gefunden haben, eine weitgehende befreiende Wirkung für die Post hat —, so ist dies ein Vorbringen, das bei Beweis seiner Richtigkeit allerdings den Anspruch außer Wirksamkeit setzen würde. Denn nach richtiger Einlegung ist die Post für das Schicksal der Anweisung nicht mehr verantwortlich und für eine richtige Auszahlung des Geldbetrages selbst nur in sehr engen Grenzen. Da aber mit jenem Vorbringen nicht der Klaggrund — ordnungsmäßige Einlieferung und Nichtempfang des Adressaten — geleugnet, sondern eine Tatsache behauptet wird, bei deren Zutreffen trotz Wahrheit des Klaggrundes eine Verurteilung nicht erfolgen könnte, so bedeutet das Vorbringen eine Einrede des beklagten Fiskus. Da der Absender — in jenem Prozeß der Empfänger-Kläger — mit der Erklärung, die er für den Verlust der Sendung gibt, das Zutreffen jener Einrede bestreitet, liegt

---

[1] Ähnliches führt das AG. Oppeln aus.

dem Postfiskus der Beweis der behaupteten Tatsache, der Einrede, ob.[1]

Diesen Beweis nun zu führen, wird fast ausnahmslos der Post ganz unmöglich sein. Denn selten wird sich der verteilende Beamte entsinnen können, daß er eine ganz bestimmte Postanweisung in das betreffende richtige Fach eingelegt hat, da bei der großen Zahl der zu verteilenden Sendungen ihm selten einmal eine Postanweisung derart auffallen wird, daß er mit Bestimmtheit zu bekunden vermöchte, daß er sie in das richtige Fach eingelegt habe. So hat auch in jenem Prozeßfalle die Post jeden Beweisantritt für ihre Behauptung (Einrede) als unmöglich abgelehnt und ist daher zum Ersatz des Postanweisungsbetrages verurteilt worden, da der Klaggrund bewiesen war.

Die Einwendung des Postfiskus in der Berufungsinstanz, daß er im Schließfachverfahren für richtige „Aushändigung in das Schließfach“(!) nicht verantwortlich sei; falls er es aber doch sei, müsse der Gegner, also an sich der Absender, im vorliegenden Fall der auf Grund der Zession zur Klage legitimierte Empfänger — beweisen, daß die Anweisung durch das Verschulden eines Beamten nicht in das Fach des Empfängers gelangt sei, ist vom Landgericht Oppeln in treffender Weise widerlegt und demgemäß ist die Berufung des Postfiskus zurückgewiesen worden.

In richtiger Erkenntnis der Tatsache, daß durch § 49 PG. auch die Fälle geregelt sind, in denen auch im Schließfachverfahren zunächst nur Ablieferungsscheine auszuliefern sind, stellt nämlich das Berufungsgericht vorerst fest, daß die Post demgemäß auch in diesen Fällen dafür hafte, daß die Ablieferungsscheine dem Adressaten reglementmäßig ausgeliefert werden. Diese reglementmäßige Auslieferung bestehe aber nach § 42 II PO. in dem Einlegen in das Schließfach des Empfängers (s. o. S. 46f.). Wenn nun der Beklagte meine, weil bei Vorliegen eines Schließfachabkommens eine „Bestellung“ durch die Post nicht erfolge,

[1] Zu diesem Resultat gelangte auch das AG. Oppeln. — Daß bei Verlust einer Sendung — ganz abgesehen vom Abholungs- und Schließfachverfahren — die Postverwaltung die Beweislast über die Ablieferung an den Adressaten trifft, ist schon vom Reichsoberhandelsgericht, Bd. 13 S. 46, ausgesprochen.

so müsse mit diesem Begriff in § 48 PG. („Die Postverwaltung ist für die richtige Bestellung nicht verantwortlich, wenn der Adressat erklärt hat, die an ihn eingehenden Postsendungen selbst abzuholen oder abholen zu lassen.“) das Einlegen in das Schließfach verstanden werden, deshalb sei also die Post nach § 48 PG. für das richtige Einlegen nicht verantwortlich, so sei dies unrichtig. Das Berufungsgericht führt sodann in eingehender Weise aus, daß Bestellung und Aushändigung — sowie die in § 42 II PO. ihr gleichgestellte Abart der Einlegung in ein Schließfach — zwei durchaus verschiedene Begriffe seien, deren jeder im PG. und in der PO. stets in demselben Sinne zu verstehen seien, und zwar die „Bestellung“ nach der Definition in § 36 I PO. Zur Unterstützung dieser Tatsache sei auf das bereits oben (S. 38f.) Ausgeführte verwiesen; dazu kommt noch, daß es schon rein sprachlich sinnwidrig ist, mit „Bestellung“ den Begriff „Aushändigung“ vertauschen zu wollen, oder umgekehrt dort, wo es sprachgerecht „Aushändigung“ heißen muß, „Bestellung“ anwenden zu wollen, zumal die PO. selbst letzteren Begriff durchaus richtig festlegt.

V. Wie gestaltet sich die Haftung, wenn in den anderen Fällen, in denen Ablieferungsscheine (bzw. bei gewöhnlichen Paketen die Paketadressen) in das Schließfach einzulegen sind, also bei Paketen, eingeschriebenen Sendungen und Wertsendungen, die Pflicht zu richtiger Einlegung verletzt wird und dadurch die Sendung selbst auf Grund des in die Hände eines Unbefugten gelangten Scheines an jenen gelangt?

Es ist davon auszugehen, daß die Post nach § 6 PG. im Falle reglementmäßig erfolgter Einlieferung dem Absender Ersatz leistet für Verlust aller eben genannten Sendungen. Nach den hiermit bezeichneten Voraussetzungen der Ersatzansprüche bildet wiederum den Klaggrund allein die Behauptung

1. reglementmäßiger Einlieferung, die gleichfalls durch den Einlieferungsschein bewiesen wird,

2. des Verlustes der Sendung in dem oben (S. 53) umschriebenen Sinne, also, wenn die Sendung nicht an den Adressaten gelangt ist.

Demnach gilt über die Beweislast alles das, was unter IV für den Postanweisungsvertrag ausgeführt worden ist: Der Absender braucht, wenn er seinen, den Klaggrund bildenden Behauptungen die weitere hinzufügt, der Verlust müsse auf unrichtige Einlegung des Ablieferungsscheines zurückzuführen sein, dies nicht zu beweisen, wie er sie auch gar nicht aufzustellen braucht. Wendet die Post ein, sie habe alle ihre Vertragspflichten bis einschließlich zu dem Zeitpunkt erfüllt, in dem sie richtig eingelegt habe, so ist sie hierfür beweispflichtig. Dies wird ihr fast ausnahmslos ebenso unmöglich sein wie in den obigen Fällen der Postanweisung.

Beweist daher der Absender, was ihm in der Regel leicht sein wird, die reglementmäßige Einlieferung und den Verlust, so wird stets die Post zum Ersatz verurteilt werden, oft nur infolge der Schwierigkeit und Unmöglichkeit des ihr obliegenden Beweises.

Soweit durch die unrichtige Einlegung des Ablieferungsscheines nicht ein Verlust, sondern nur eine Beschädigung der Sendung herbeigeführt worden ist,[1] wofür die Post nach § 6 nicht bei allen in Frage kommenden Sendungen Ersatz leistet (oben S. 36 f.), gilt allenthalben das Vorstehende.

VI. a) Was die Beförderungsverträge über gewöhnliche Briefsendungen anlangt, so schließt § 6 Abs 5 PG. jegliche Haftung der Postverwaltung hierfür aus. Es erübrigt sich daher eine eingehende theoretische Erörterung, die zu einem anderen Ergebnis als dem eben gewonnenen nicht führen würde. Eine unrichtige Einlegung gewöhnlicher Briefsendungen ist zwar auch hier vertragspflichtwidrig, begründet aber keine Ansprüche irgendwelcher Art für den Absender an die Post.

b) Beim Zeitungsgeschäft sind nach der oben angenommenen Auffassung desselben als eines Quasi-Verkaufskommissionsgeschäftes zwei Rechtsbeziehungen zu unterscheiden: zwischen Post und Verleger (Absender) einerseits und Post und Abonnenten (Empfänger) andererseits. Entsprechend dem echten

---

[1] Eine Beschädigung würde auch vorliegen, wenn die Sendung zwar von dem Dritten wiedererlangt wird, aber während ihres Verbleibes in dessen Händen teilweise verbraucht worden ist.

Verkaufskommissionsgeschäft kann der Abonnent Ansprüche nur gegen die Post erheben, nicht gegen dessen Kontrahenten, den Verleger, dem die einzelnen Abonnenten dem Namen nach völlig unbekannt sind. Die Post „kauft" eine der Zahl der Abonnenten der Zeitung entsprechende Zahl jeder Nummer vom Verleger und liefert die Nummern an die Abonnenten. Der Verleger haftet der Post auf Einlieferung der bestimmten Zahl gekaufter und weiterverkaufter Nummern der Zeitung. Der Abonnent seinerseits hat selbstverständlich als Kontrahent des „Verkaufskommissionärs" Anspruch auf Lieferung aller Nummern der von ihm abonnierten Zeitung. Erhält er einmal eine Nummer nicht, so muß er sich an die Post halten. Diese wiederum nimmt ihren „Verkäufer" in Anspruch, falls dieser nicht die richtige Zahl Nummern geliefert hat, auf Nachlieferung. Hatte der Verleger aber ordnungsmäßig geliefert, ist also die betreffende Nummer in den Händen der Post verloren gegangen, so hat nach § 6 Abs. 5 PG. auch hier der Empfänger keinen Anspruch darauf, daß die Post aus eigenen Mitteln ihm eine Ersatznummer vom Verleger kaufe und liefere. Die Verantwortlichkeit des Verkaufskommissionärs für Verlust und Beschädigung ist durch die Bestimmung des § 6 PG. aufgehoben. Auch hierin kommt zum Ausdruck, daß das Entgelt, welches die Post im Zeitungsvertrieb erhält, weniger den Charakter einer echten Provision als einer merces für die Beförderung besitzt.

Ebensowenig hat, wenn der Verleger die richtige Zahl Nummern geliefert hatte, die Post gegen ihren „Verkäufer" einen Anspruch auf Nachlieferung, mag jener auch oftmals aus Kulanz, wenn es sich nicht gerade um sehr teuere Zeitschriften handelt, eine Ersatznummer liefern.

Wird nun eine Zeitung in ein unrichtiges Fach eingelegt, so steht nach alledem dem Abonnenten ein Anspruch wegen eines dadurch herbeigeführten Verlustes nicht zu.

c) Was die Postnachnahmeverträge anlangt, so ist zu unterscheiden, ob es sich um gewöhnliche Briefsendungen, die mit Nachnahme belastet sind, handelt, oder um Pakete, Wert- und Einschreibsendungen. In ersterem Falle werden die Benachrichtigungskarten ins Fach eingelegt, in letzterem die Ablieferungsscheine (bzw. bei gewöhnlichen Paketen die Paketadressen). Denn bei letzterer Gruppe Sendungen ist eine Benachrichtigung an und für sich notwendig, auch ohne daß sie mit Nachnahme belastet sind; die Benachrichtigung erfolgt in diesem Falle eben durch Einlegung der Scheine. Sind diese selben Sendungen, Pakete, Einschreib- und Wertsendungen, mit Nachnahme belastet, so bedarf es darüber nicht noch einer besonderen Benachrichtigung durch die Benachrichtigungskarten, die überdies gar nicht immer und überall erkennen lassen, ob es sich um Nachnahmesendungen oder um Sendungen, die für das Fach zu groß sind, handelt.

Bei Paketen, Einschreib- und Wertsendungen, die mit Nachnahme beschwert sind, gilt daher über die Haftung wegen einer falschen Einlegung der Scheine dasselbe als wären jene nicht auf Nachnahme gestellt, also das oben unter V, IV Gesagte.

Bei gewöhnlichen Briefsendungen mit Nachnahme aber kann niemals die falsche Einlegung einer Benachrichtigungskarte irgendwelche Ersatzpflicht der Post begründen, da durch die Belastung mit Nachnahme eine gewöhnliche Sendung, für deren Verlust die Post grundsätzlich Ersatz nicht leistet, diesen ihren Charakter als gewöhnliche Sendung nicht ändert. Die Nachnahme bedeutet nicht eine Art Versicherung.

VII. Ist der einzulegende Ablieferungsschein überhaupt in kein Fach gelangt, sondern irgendwie in Verstoß und dadurch in unberechtigte Hände geraten, ehe er überhaupt zur Einlegung ins Fach kam, so ergibt sich bezüglich der Haftung bei den einzelnen Verträgen genau dasselbe wie im Falle unrichtiger Einlegung. Ist aber zwar der Ablieferungsschein abhanden gekommen, ohne daß infolgedessen auch die Sendung selbst von einem Unberechtigten abgefordert worden wäre, so daß also die einzige Folge jenes Verlustes die ist, daß der Empfänger keine Nachricht von der Ankunft der dazugehörigen Sendung hat, so wird es, da die Post des Glaubens sein wird, daß der Empfänger den Schein erhalten hat, zu dem Verfahren kommen, das nach § 43 III eingreift, wenn die Sendungen nach Auslieferung des Scheines nicht innerhalb der gesetzten Fristen abgeholt werden, d. h. sie werden als unbestellbar behandelt, wenn nicht infolge besonderer

Umstände — Aufklärung des Sachverhaltes infolge einer zwischen Empfänger und Absender über den Nichtempfang der Sendung eingeleiteten Korrespondenz, Nachfragen, Beschwerden u. a. — inzwischen der Empfänger noch rechtzeitig von dem Lagern der Sendung erfährt.

Findet aber das Unbestellbarkeitsverfahren statt, so kann der Absender irgendwelche Schadensersatzansprüche daraus, daß der Adressat die Sendung nicht erhalten habe, nicht herleiten; denn es liegt weder Verlust der Sendung vor — diese wird eventuell dem Absender zurückgesandt — noch Beschädigung. Handelt es sich aber um gewöhnliche Pakete, die nach § 43 III a nach Fristablauf zu bestellen sind, oder verlangt der Absender, nachdem ihm die Unbestellbarkeitsmeldung zugegangen ist, Bestellung an den Adressaten, so kann er zunächst Vertragserfüllung, d. i. Aushändigung an letzteren, und möglicherweise Ansprüche wegen verzögerter Bestellung nach § 6 PG. geltend machen, wenn die Sendung durch letztere verdorben ist usw. Denn die verzögerte Bestellung ist zurückzuführen auf Nichteinlegung des Ablieferungsscheines in das Schließfach. Den Beweis, daß sie ordnungsmäßig eingelegt habe, vermag die Post hier de facto nicht zu führen.

VIII. Von ganz hervorragender Wichtigkeit sind die Fälle, in denen es zu einer Einlegung in das Fach nicht kommt oder in denen sogar die Sendungen und Ablieferungsscheine von der Post wieder dem Schließfach entnommen werden — aber ohne daß die Voraussetzung des § 42 VIII, 4 vorliegt (S. 43) — und einem sie am Schalter verlangenden Abholer ausgehändigt werden, der sein Verlangen damit begründet, er habe den Schlüssel zu seinem Schließfach zufällig nicht bei sich. Es entsteht hier die außerordentlich wichtige Frage, ob ein derartiges Verfahren der Post zulässig ist, ob mit anderen Worten die Post trotz Vorliegen eines Schließfachabkommens das Recht hat, auch bei den einlegfähigen Gegenständen einseitig auf das zugrunde liegende gewöhnliche Abholungsverfahren zurückzugehen und ohne ausdrückliches Einverständnis des Schließfachinhabers selbständig zu bestimmen, ob in diesem oder jenem Falle einmal das Schließfachabkommen außer acht gelassen, als nicht vorhanden angesehen und nur die Abholungserklärung als maßgebend betrachtet werden soll. Daß, wenn sie dies dürfte, alle oben aufgestellten Grundsätze des gewöhnlichen Abholungsverfahrens eingreifen würden, wonach vor allem eine Prüfung der Legitimation des Abholenden der Post nicht obliegt, kann nicht zweifelhaft sein.

Der folgende, hierfür typische Fall ist zur gerichtlichen Entscheidung, auch des Reichsgerichts, gekommen:

Ein Kaufmann in Neuß hatte bei der dortigen Postanstalt ein Schließfach inne. Seinem Kommis B., der weder Ermächtigung zur Abholung der Postsachen noch die Schlüssel zum Schließfach besaß, wurden gleichwohl von dem Beamten die in dem Schließfach befindlichen Postsendungen, darunter auch Postanweisungen am Schalter auf sein Verlangen ausgehändigt. Die Anweisungen fälschte der Kommis mit der Unterschrift seines Prinzipals und unterschlug ihm auf diese Weise 1875 Mk. Der Kaufmann klagte auf Ersatz des Schadens gegen die Post beim Landgericht Düsseldorf als dem für Neuß zuständigen Landgericht. Dieses wie auch das Oberlandesgericht Cöln als Berufungs- und das Reichsgericht als Revisionsgericht (Urteil vom 29. Mai 1906, Bd. 63 S. 339 f.) sind zur Klagabweisung gekommen, und zwar ganz abgesehen von den seitens der Post vorgebrachten — möglicherweise beachtlichen — prozessualen Einreden — Unzuständigkeit des Gerichts, mangelnde Aktivlegitimation des Klägers — auch aus materiellrechtlichen Gründen, ob aus letzteren mit Recht, soll im folgenden erörtert werden.

Zunächst geht das LG. Düsseldorf ganz fehl, indem es ausführt: Als hinreichend legitimierter Empfänger der Post gegenüber gilt der „zur Abholung sich Meldende" (§ 48 PG.). Ist dieser im Besitz der Schlüssel zum Abholungsfach, so ist er in der Lage, ohne Mitwirkung eines Beamten der Post das Fach zu öffnen und die Postsendungen demselben zu entnehmen. Erklärt er, nicht im Besitz des Schlüssels zu sein, so handelt die Post nicht vertragswidrig, wenn sie ihm, die Abholung beschleunigend, die gewünschten Postsachen aushändigt, mögen diese überhaupt schon im Schließfache sich befunden haben oder nicht."[1]

---

[1] Archiv 1907, Nr. 8 S. 250.

Daß im Schließfachverfahren „ein zur Abholung sich Meldender“ bezüglich der einzulegenden Gegenstände gar nicht in Frage kommt, liegt auf der Hand. Einen solchen gibt es nur im gewöhnlichen Abholungsverfahren. Darin liegt eben der große Unterschied beider, daß der Beamte und der abholende Bote bezüglich der ins Fach eingelegten Gegenstände gar nicht in Berührung miteinander treten. Es ist etwas dem Schließfachverfahren geradezu Entgegengesetztes, wenn jemand die im Schließfach befindlichen Sendungen am Schalter ausgehändigt haben will. Ob dies dann ein „zur Abholung sich Meldender“ im Sinne des § 48 PG. ist, der nur das gewöhnliche Abholungsverfahren bei seiner Statuierung im Auge gehabt hat, ist mehr als fraglich. Und ob die Post vertragswidrig handelt, wenn sie eingelegte Sendungen am Schalter verabfolgt, kann nicht ohne Eingehen auf die Frage, wie denn gemäß den Bestimmungen der PO. über die Schließfächer die Verträge zu erfüllen sind, beantwortet werden. Auf diese Frage geht die Entscheidung, ebenso wie die beiden anderen, gar nicht ein; sie behauptet, die Post handle nicht vertragswidrig. § 48 PG. kann Anwendung finden nur auf das „Ins Haus bringen“ der vom Schließfachinhaber dem Fach entnommenen Gegenstände und vor allem auf die nach Ausfolgung der Ablieferungsscheine stattfindende Abholung der Sendungen selbst.

Bemerkenswert ist in der Entscheidung noch, daß sie die Ansicht des Klägers, die in dem Schließfach befindlichen Sendungen dürften nur an den Schlüsselbesitzer ausgehändigt werden, als unzutreffend bezeichnet, weil man dann im Schließfachabkommen ein „besonderes Abkommen“ im Sinne des § 48 PG. erblicken müsse, wonach die Post die Legitimation des Abholenden insofern zu prüfen hätte, als sie die Sendungen nur dem durch den Besitz des Schlüssels als berechtigt sich Ausweisenden aushändigen dürfte. Eine solche Pflicht zur Prüfung der Legitimation läge ihr aber im vorliegenden Falle deshalb nicht ob, weil für das Vorliegen eines solchen besonderen Abkommens PG. oder PO. keinen Anhalt biete. Hierauf wird noch zurückzukommen sein.

Das OLG. Cöln begründet seine Ansicht damit, daß eine Pflicht, die Legitimation des Kommis B. zu prüfen, für die Post nicht bestanden habe, weil keine der das Schließfach betreffenden Rechtssätze eine Andeutung enthielten, daß nach Überlassung eines Schließfachs in irgend einer Beziehung eine Prüfungspflicht der Post eintreten solle. Aus der tatsächlich größeren Sicherheit gegen die Erlangung der Postsachen seitens Unbefugter, die dem Schließfachverfahren wohl kaum abzusprechen sei, folge nicht, daß der Fachinhaber ein Recht auf diese Sicherung habe und deshalb die Legitimationsprüfung verlangen könne. Weil ferner die Einlegung der Sachen in das Fach nur zur Bequemlichkeit des Empfängers diene, so könne dieser jederzeit von dieser Abstand nehmen und zum persönlichen Empfang sich am Schalter melden. „Der Schalterbeamte dürfe die Aushändigung nicht deshalb verweigern, weil für die Sendungen die Abholung aus dem Schließfache bestimmt sei; jedenfalls sei er zu dieser Weigerung nicht verpflichtet. Damit, daß der Empfänger nur für einzelne Arten Sendungen vom gewöhnlichen Abholungsverfahren, für andere vom Schließfachverfahren Gebrauch machen könne, sei nicht vorgeschrieben, daß die Sendungen, die für das Schließfach bestimmt sind, nun unbedingt in das Fach gelegt werden müßten oder nur gegen besondere Legitimation am Schalter ausgeantwortet werden dürften."[1]

Das Reichsgericht[2] spricht dem Kläger Ansprüche deshalb ab, weil dem Schließfachabkommen die Abholungserklärung des § 48 PG. ·|· § 42 I PO. zugrunde liege und deshalb „die Gefahr der Bestellung im Falle der Einräumung eines Schließfaches nicht auf die Post übergehe; die letztere sei vielmehr, wenn die Bestellung infolge des Abholungsverfahrens als erfolgt anzusehen sei, für die richtige Bestellung nicht verantwortlich". — Es weist dann auch seinerseits die Ansicht zurück, daß durch die Einräumung des Faches die Post verpflichtet wäre, nur einer durch den Besitz des Schlüssels zum Schließfach legitimierten Person die Postsachen am Schalter auszuliefern. — Weil endlich in der Begründung des Entwurfes zu dem Gesetz vom 11. März 1901 (S. 2) nirgends erwähnt sei, daß der Abholer durch Einräumung eines

[1] Archiv 1907, Nr. 8 S. 251.
[2] ERG. Bd. 63 S. 339 ff.

Schließfachs besondere Sicherheit genießen werde, könne nicht von einer erweiterten Haftpflicht der Post die Rede sein; die Gebühr sei lediglich ein Ausgleich für die der Post durch die Einrichtung der Fächer erwachsenden Kosten.

Alle drei Urteile verneinen demnach die Pflicht der Post zur Prüfung der Legitimation dessen, der am Schalter Sendungen eines Schließfachinhabers verlangt und stützen hiermit hauptsächlich ihre Entscheidungen. Von dem Standpunkte aus, daß die Post Schließfachgegenstände überhaupt nicht am Schalter aushändigen darf, erübrigt sich eine Erörterung der Frage der Legitimationsprüfung, ja, man kann das Fehlen der Pflicht zu einer solchen zugestehen. Im übrigen mühen sich die drei Gerichte auf verschiedene Weise ab, ihre Meinung zu stützen, ohne durchschlagende Momente aufzuführen. Denn die beiden ersten Urteile behaupten schlankweg, die Post handle nicht vertragswidrig, wenn sie solchem Verlangen auf Aushändigung eingelegter Sendungen am Schalter nachkomme, ohne aber auf die Frage einzugehen, wie denn die Post nach der lex contractus, der PO., handeln müsse bei Vorliegen eines Schließfachabkommens, damit sie vertragsmäßig handle, welche Pflichten sie hier zu erfüllen habe, vor allem auch, bis zu welchem Moment sie für das Schicksal der einzulegenden Gegenstände verantwortlich sei. Das Reichsgericht streift diese Frage ganz flüchtig mit den Worten: „Wenn die Bestellung(!) infolge des Abholungsverfahrens als erfolgt anzusehen sei, sei die Post für die richtige Bestellung(!) nicht verantwortlich.“ Aus dem Satze geht deutlich hervor, daß der Begriff „Bestellung“ in zweierlei Bedeutung unmittelbar hintereinander gebraucht sein muß; sonst hätte der Satz überhaupt keinen Sinn. Das Reichsgericht ist sich über den Begriff „Bestellung“ nicht klar und will offenbar mit der ersten „Bestellung“ den Moment bezeichnen, mit dem die Post alles getan hat, was ihr im Falle eines Schließfachabkommens an Pflichten obliegt. Einen Moment, mit dem die Bestellung — das Ins-Haus-Bringen — „als erfolgt anzusehen“ sei, gibt es weder im gewöhnlichen Abholungsverfahren noch im Schließfachverfahren, wohl aber in letzterem einen Moment, mit dem die Aushändigung der betr. Gegenstände als erfolgt anzusehen ist. Und darin, daß auch das Reichsgericht die Begriffe Aushändigung und Bestellung nicht scharf scheidet, und daß keine der Entscheidungen auf die Frage der Vertragserfüllung bei Vorliegen eines Schließfachabkommens eingeht, liegt der Grund, daß die Resultate jener Urteile als fehlgehend erachtet werden müssen. Ganz unklar ist auch der Satz des Reichsgerichts, daß die Gefahr der Bestellung im Falle der Einräumung eines Schließfachs nicht auf die Post übergehe.

Es ist geradezu auffallend, daß keine der Entscheidungen auf die lex contractus, die PO., zurückgeht und fragt, ob sich nicht aus ihren Bestimmungen über das Schließfachabkommen ergebe, ob eine Auslieferung der für das Schließfach bestimmten Gegenstände am Schalter dem Absender gegenüber vertragswidrig sei oder nicht. Wir haben oben auf Grund von § 42 II PO. festgestellt, wann im Schließfachverfahren die Post ihre Verträge mit dem Absender diesem gegenüber erfüllt hat, und wofür in diesem Falle die Post verantwortlich ist, wenn zunächst nur Ablieferungsscheine reglementmäßig auszuliefern sind. Schon nach den dort gefundenen Ergebnissen muß eine Auslieferung einzulegender Sendungen am Schalter als nicht reglementmäßig, daher vertragswidrig, bezeichnet werden. Betrachten wir § 42 PO. nochmals genau.

Er ist überschrieben: „Abholung von Postsendungen." Unter I (s. Seite 4 Anm.) werden Bestimmungen über die Abgabe der Abholungsklärung getroffen. Dann heißt es unter II:

„Die Aushändigung erfolgt entweder am Postschalter innerhalb der Postschalterdienststunden (§ 30 II) oder, wenn die Postbehörde dem Abholer auf besonderen Antrag ein verschließbares Abholungsfach (Schließfach) überlassen hat, durch Einlegen in dieses Fach, dessen Leerung durch den Abholer nach besonderer Festsetzung der Postverwaltung auch außerhalb der Postdienststunden zulässig ist. Auch bei Überlassung eines Schließfaches müssen Sendungen, die ihres Umfanges wegen nicht darin aufgenommen werden können, Nachnahmesendungen und mit Porto belastete Sendungen, wenn der Empfänger das Porto nicht stunden läßt, am Postschalter in Empfang genommen werden."

Hieraus geht klar und deutlich hervor, daß die Aushändigung aller einlegfähigen Gegenstände durch Einlegen in das Schließfach und auf keine andere Weise zu erfolgen hat. Eine andere Auslegung läßt § 42 II PO. gar nicht zu. Daß die Worte: „Die Aushändigung erfolgt . . . am Postschalter . . ." nur auf die Fälle der gewöhnlichen Abholung zielen, geht deutlich daraus hervor, daß die Fälle des Schließfachverfahrens überhaupt erst durch den Zwischensatz: „wenn . . . . überlassen hat" ins Auge gefaßt werden, geht weiter aus der Entstehungsgeschichte der jetzigen Fassung hervor. Früher, noch in der Fassung der PO. vom 20. März 1900, vor Einfügung der Bestimmungen über das Schließfachverfahren, enthielt der Abs. I den Passus: „Die Aushändigung erfolgt innerhalb der Postschalterdienststunden." Bei Einfügung von Abs. II und III durch die Verordnung vom 8. April 1901 wurde dieser Passus über die Aushändigung aus Abs. I heransgenommen und die Art und Weise der Aushändigung am Postschalter bei gewöhnlicher Abholung in ausdrücklichen Gegensatz zur Einlegung ins Fach bei Schließfachverfahren gesetzt.

Nach dem Wortlaut des § 42 II ist es ganz unzweifelhaft, daß an den Fall, es könnten einzulegende oder eingelegte Gegenstände am Schalter verlangt werden, und die Frage, ob dann eine Aushändigung am Schalter auch hier zulässig sein solle oder nicht, gar nicht gedacht worden ist. Hätte der Gesetzgeber aber überhaupt Aushändigung am Schalter auch im Schießfachverfahren als möglich und zulässig feststellen und damit zwei Arten der Aushändigung für das Schließfachverfahren wahlweise an die Hand geben wollen, so hätte er dem § 42 II nicht die jetzige Fassung gegeben, sondern dies irgendwie zum Ausdruck gebracht. Nach der bestehenden Fassung aber soll ausdrücklich nur das Einlegen ins Fach die Art und Weise sein, auf die im Schließfachverfahren die Aushändigung zu erfolgen hat. Nur unter dieser Voraussetzung ist die Fassung des zweiten Satzes in II des § 42 zu erklären, insbesondere das den Satz einleitende Wörtchen „Auch". Dieses hätte gar keinen Sinn, wenn der Satz nicht annähme, daß nach Satz 1 an sich eine Aushändigung am Schalter ausgeschlossen ist; nur in den in Satz 2 gekennzeichneten Fällen müssen „auch" bei Überlassung eines Schließfaches die Sendungen am Schalter in Empfang genommen werden.

Nach alledem ergibt sich, daß eine Aushändigung einzulegender oder schon eingelegter Postsachen am Schalter reglementwidrig ist; die Post verletzt damit eine der ihr zur Erfüllung ihrer Verträge bei Vorliegen eines Schließfachabkommens obliegenden Verpflichtungen, wie sie oben für die einzelnen Verträge ausgeführt sind, und ist nach der unter I bis V dieses Abschnitts erörterten Grundsätzen zum Ersatze des aus der Vertragsverletzung entstehenden Schadens verhaftet, und zwar dem Absender.

Wir kommen hiernach zu dem Resultate, daß in dem zur Erörterung stehenden Fall die Post schadensersatzpflichtig ist, weil durch die Aushändigung der in das Schließfach einzulegenden und nur durch dieses auszuhändigenden Postanweisung an B. am Schalter ein Schaden entstanden ist. Die Entscheidungen der drei Gerichte sind irrig. Insoweit ist ihnen allerdings beizupflichten, daß eine Pflicht, die Legitimation des B. zu prüfen, der Post sicher nicht obgelegen hat. Eine solche läßt sich nicht konstruieren und die Post kann nicht aus der Verletzung einer gar nicht bestehenden Verpflichtung haftbar gemacht werden. Die Frage der Legitimationsprüfung liegt aber deshalb sehr nahe, weil letztere ein Mittel wäre, die möglichen Folgen der in der Aushändigung am Schalter liegenden Vertragswidrigkeit zu paralysieren. Aber niemand ist verpflichtet, falls er eine ihn für entstehenden Schaden haftbar machende Vertragsverletzung sich zuschulden kommen läßt, eine Vorbeugungsmaßregel zu treffen, damit der Schaden nicht eintrete.

An dem hier gewonnenen Ergebnis können auch alle Ausführungen nichts ändern, die der Vertreter der Postverwaltung vor dem OLG. Cöln gegeben hat[1] über die Frage, ob durch Einführung des Schließfachverfahrens eine größere Sicherheit für abzuholende Postsachen hat bezweckt werden sollen oder nicht. Es mag zugegeben werden, daß dies nicht beabsichtigt war oder wenigstens

---

[1] Auszugsweise wiedergegeben in den „Leipziger Neuesten Nachrichten" vom 16. Mai 1905 (Volkswirtsch. Teil).

nicht für die Einführung der Fächer bestimmend gewesen ist; die Gesetzesvorlage erwähnt die größere Sicherheit nicht. Es mag auch die in § 42 III PO. festgesetzte Gebühr für die Überlassung ausschließlich als eine, allerdings nicht eben niedrige Entschädigung für die Einrichtung und Unterhaltung der Fächer gedacht sein. Tatsache aber ist, daß die Sicherheit für die Erlangung der Sendungen größer ist als im gewöhnlichen Abholungsverfahren. Denn nur der Inhaber des einzig passenden Schlüssels kann zu den Sendungen gelangen; der Empfänger braucht nur dafür zu sorgen, daß die Schlüssel nicht in unrechte Hände kommen. Gewiß hat deshalb der Inhaber des Schließfachs noch kein Recht auf diese Sicherung. Aber ebensowenig hat die Post das Recht oder auch nur Veranlassung, diese tatsächliche größere Sicherheit durch praktische Betätigung der in direktem Widerspruch mit der PO. stehenden Behauptung, sie könne die einzulegenden oder eingelegten Gegenstände auch am Schalter aushändigen, illusorisch zu machen. Wenn die Post vor dem OLG. Cöln ausführen ließ, sie könne nicht vertragswidrig handeln, wenn sie, die „Abholung beschleunigend", die bereits eingefächerten Sendungen herausgibt, so ist dem entgegenzuhalten, daß die Post mit dieser Beschleunigung einen ganz unnötigen Eifer entwickelt; sie würde es gewiß selbst ablehnen, nach der Einlegung noch fällige Verpflichtungen hinsichtlich des eingelegten Gegenstandes zu haben und wäre es auch nur eine solche, auch jetzt noch dafür zu sorgen, daß der Empfänger möglichst rasch seine Sachen erlangt; aber will sie keine Pflichten mehr haben, dann darf sie sich auch nicht Maßnahmen erlauben, die ihr durchaus nicht obliegen und das Interesse des Empfängers sogar gefährden können. Mit der Einlegung hat sie alles getan, was ihr vertragsmäßig oblag, um dem Empfänger die Erlangung der Gegenstände in der beschleunigten Weise zu ermöglichen; sie hat keine Veranlassung, nun, nachdem sie ihre Pflichten erfüllt hat, noch dem nachlässigen oder vergeßlichen Empfänger nachzuhelfen.

Wenn weiter die Post daraus, daß sie auf Grund der Benachrichtigungskarten die nicht einlegfähigen Sachen ohne Legitimation am Schalter dem sich zur Abholung Meldenden aushändigen muß, schließt, sie könne nicht vertragswidrig handeln, wenn sie einlegfähige ebenso behandele, so fehlt diesem Schluß jede zwingende Kraft. Denn für die nicht einlegfähigen Postsendungen komnt das Schließfachverfahren nicht in Betracht oder nur insoweit, als der Empfänger Nachricht erhält, daß Sendungen zur Abholung für ihn vorliegen; die Abholung erfolgt nach den Grundsätzen der gewöhnlichen Abholung. Übrigens handelt es sich stets nur um gewöhnliche Briefsendungen, für die die Benachrichtigungskarten in Betracht kommen; eine falsche Einlegung einer solchen hat, wie unten zu zeigen ist, irgend eine nachteilige Wirkung überhaupt nicht. Jedenfalls kann man, wenn die Einrichtung der Benachrichtigungskarten hinsichtlich der durch diese zu erlangenden Sendungen etwa eine geringere Sicherheit böte, doch nicht sagen, daß das Schließfachverfahren deshalb für die einlegfähigen Gegenstände eine geringere Sicherheit böte als die gewöhnliche Abholung. Die Sicherheit für letztere, für die allein das Schließfachverfahren überhaupt vorhanden ist, wird doch durch die Benachrichtigungskarten nicht beeinträchtigt.

Auch der Umstand, daß im gewöhnlichen Abholungsverfahren der Ausgebebeamte in der Lage sei, die Sendungen vor der Ausgabe einer nochmaligen Durchsicht zu unterziehen, während die Schließfachinhaber die Fächer häufig schon leeren, ehe zu der auch hier vorgeschriebenen Durchsicht Zeit ist, daß also hier leichter Gegenstände in die Hände fremder Abholer kämen, kann nicht ins Gewicht fallen gegenüber dem größeren Schutz des Empfängers gegen unbefugte Abholung.

Wenn gar von dem Vertreter der Post die Wendung gebraucht wurde: Bei Ausstellung der Abholungserklärung nach § 48 PG. sei jede Garantie ausgeschlossen, so ist dies nur als eine Parteibehauptung zu würdigen, der ohne weiteres durch Hinweis auf unsere Erörterungen begegnet werden kann.

Mit der Tatsache, daß in dem erörterten Prozeßfalle tatsächlich ein Anspruch gegen die Post bestand, ist nicht zu verwechseln die Tatsache, daß er, wie das Reichsgericht richtig erkannt hat, nicht dem Kläger, der der Empfänger war, zustand, sondern dem Absender. Die Klage wäre deshalb wegen mangelnder Aktivlegitimation des Klägers abzuweisen gewesen, ohne daß es eines Eingehens auf die Frage, ob ein Anspruch gegen die Post überhaupt bestehe, bedurft hätte. Das Gericht erster Instanz hatte einer dahingehenden Einrede des Postfiskus den Erfolg versagt, mit Unrecht; mit Recht dagegen der Einrede, das LG. Düsseldorf als Gericht des Bestimmungsortes sei unzuständig, weil die Klage gegen die Oberpostdirektion zu richten sei, in deren Bezirk der Einlieferungsort, also der Ort des Vertragsschlusses zwischen Post und Absender liege. Der Empfänger klagte jedoch aus einer Verletzung des zwischen ihm und der Post geschlossenen Schließfachabkommens, wenigstens glaubte er, aus diesem Ansprüche für sich herleiten zu können. Zur Entscheidung dieser Frage, ob er aus dem Schließfachabkommen Ersatzansprüche herleiten könne, ist zweifellos das LG. Düsseldorf zuständig als Gericht des Ortes, an dem beide Vertragsparteien ihren Sitz bzw. Wohnsitz haben. Nun sind aber die Ansprüche, die der Kläger für solche aus dem Schließfachabkommen ihm entstandene hielt, tatsächlich solche, die dem Absender zustehen wegen Verletzung einer der durch das Schließfachabkommen modifizierten Pflichten, die der Post jenem gegenüber zur Vertragserfüllung obliegen. Deshalb wären allerdings die Klagen des Absenders wegen seiner Ansprüche oder des Empfängers, der sich diese Ansprüche hätte abtreten lassen, gegen die Oberpostdirektionen der einzelnen Einlieferungsorte der verschiedenen, an den Kommis B. ausgehändigten Postanweisungen zu richten gewesen. Daß infolge eines nicht mit der Postanstalt des Einlieferungsortes getroffenen Schließfachabkommens die Ansprüche entstanden sind, kommt für die Frage der Zuständigkeit nicht in Betracht, da der Vertrag, aus dem der Absender seine Ansprüche herleitet, mit der Postanstalt des Einlieferungsortes geschlossen ist und an dieser Tatsache auch nichts dadurch geändert wird, daß einzelne Vertragspflichten der Post durch ein Schließfachabkommen des Empfängers mit der Post modifiziert werden.

IX. Nach unseren Erörterungen hat die vom LG. Düsseldorf berührte Frage, ob das Schließfachabkommen als ein „besonderes Abkommen" im Sinne von § 48 PG. aufzufassen ist, keine Bedeutung, da die Post, selbst wenn dies der Fall ist, im Falle der Aushändigung einlegfähiger Gegenstände am Schalter und der Unterlassung der Legitimationsprüfung nicht aus letzterem Grunde, sondern schon aus dieser Aushändigung als einer vertragswidrigen haftbar ist. Gegenüber einem Verfechter des Standpunktes der Post in jenem Prozeß könnte aber vielleicht doch mit Erfolg die Ansicht verteidigt werden, daß das Schließfachabkommen allerdings als ein solches „besonderes Abkommen" zu betrachten sei, freilich keinesfalls über die Prüfung der Legitimation; denn davon enthält es kein Wort. Ich meine aber, unter „desfallsigen besonderen Abkommen" in § 48 PG. sind überhaupt gar nicht, wie es auf den ersten Blick scheinen mag, solche über die Prüfung der Legitimation verstanden — auf die Frage nach solchen wird man selbst bei den größten Postanstalten nur ein verständnisloses Kopfschütteln zur Antwort erhalten, es gibt solche Abkommen tatsächlich in der Praxis nicht — vielmehr „besondere Abkommen" über die Art der Abholung. Was wäre auch sonst der Gegensatz zu „besonderem Abkommen über die Legitimationsprüfung", wenn man den Ausdruck des Gesetzes in dieser Weise ergänzen und erklären wollte? Eine Erklärung aber auf „besonderes Abkommen über die Abholung" hat einen sehr sinngemäßen Gegensatz im ersten Teile des § 48 PG., nämlich das da behandelte gewöhnliche Abkommen über die Abholung. So ist zweifellos ein solches „besonderes Abkommen" im Sinne des § 48 PG., und zwar über die Abholung, nicht über die Legitimationsprüfung, das noch sehr viel besonders von Behörden angewandte Verfahren, bei dem der Empfänger eine verschließbare Mappe, zu der nur er und der Schalterbeamte einen Schlüssel besitzen, durch einen Boten zur Post schickt, wo der Beamte die Mappe öffnet, die Sendungen hineinlegt, die Mappe wieder verschließt und so dem Boten zur Überbringung an den Empfänger zurückgibt. Dies sind die in § 48 PG. ins Auge gefaßten Fälle „besonderer Abkommen"; würde in dem eben geschilderten Verfahren ein Bote, ohne die Mappe zu überreichen, die Sendungen verlangen, also von der besonders vereinbarten Art der Abholung abweichen, dann müßte nach § 48 PG. die Post über die Legitimation des Boten in irgend einer Weise sich vergewissern.

Daß das Schließfachabkommen eine außerordentliche Ähnlichkeit mit der eben geschilderten Art der Abholung aufweist, ist nicht zu bestreiten. Der einzige Unterschied besteht in der Beweglichkeit der Mappe und der Unbeweglichkeit des Schließfaches. Auch der Antrag auf ein besonderes Abkommen über die Abholung ist Voraussetzung für das Schließfachverfahren. Selbst nach den eigenen Worten der Postverwaltung in jenem Prozesse ist das Schließfachverfahren eine Abart des gewöhnlichen Abholungsabkommens, aber eben deshalb ein besonderes Abkommen über die Abholung im Sinne von § 48 PG., wie die oben geschilderte Art der Abholung mit Mappen auch eine Abart des gewöhnlichen Abholungsabkommens, und deshalb ein besonderes Abkommen ist.

Von diesem Gesichtspunkt aus wäre also die Post, ganz abgesehen von der Vertragswidrigkeit der Aushändigung am Schalter und der sich hierauf gründenden Haftung, nach § 48 PG. verpflichtet, sich über die Legitimation des sich am Schalter Meldenden zu vergewissern und wäre bei Verabsäumung dieser Pflicht ebenfalls ersatzpflichtig für den daraus entstehenden Schaden. Zweifellos steht nicht das geringste Bedenken entgegen, daß, wenn der sich gehörig ausweisende Schließfachinhaber selbst oder ein sich über seine Ermächtigung genügend ausweisender Bote desselben um Auslieferung der im Schließfach befindlichen Gegenstände bittet, diese ihm unter solchen Umständen am Schalter verabfolgt werden können. Dann liegt aber ein Einverständnis des Schließfachinhabers über ein Abgehen vom Schließfachverfahren vor, nicht eine einseitige, eigenmächtige Handlung der Post; ein Einverständnis des Schließfachinhabers kann so lang nicht als vorliegend angesehen werden, als nicht zweifellos ist, daß das Verlangen auf Aushändigung am Schalter wirklich vom Schließfachinhaber gestellt wird.

X. Ist zwar der Ablieferungsschein richtig in die Hände des Schließfachinhabers gelangt, aber dann die Sendung selbst an einen Unberechtigten ausgehändigt worden, so gelten hierüber dieselben Grundsätze wie im gewöhnlichen Abholungsverfahren nach Aushändigung des Ablieferungsscheines. Hat die Post diesen richtig eingelegt, so hat sie nach § 49 PG. die Echtheit der Unterschrift und die Legitimation des die Sendung selbst Verlangenden nicht zu prüfen. Sie ist nur dafür verantwortlich, daß sie die Sendung nicht etwa einem anderen Abholer, als dem, der den Schein abgegeben hat, aushändigt, oder nicht einem ganz offensichtlich Unberechtigten. Wie sich freilich praktisch in den meisten Fällen die Rechtslage der Post gestaltet infolge des für sie überaus schwierigen Beweises der richtig erfolgten Einlegung, darüber s. unten 6.

XI. Für eine Verzögerung der Bestellung, die der Post nach § 42 VIII obliegt, wenn der Empfänger die eingelegten Gegenstände bzw. die Sendungen selbst nicht innerhalb der bestimmten Fristen abholt, ist die Post nach den gewöhnlichen Grundsätzen des § 6 PG. in beschränktem Maße haftbar.

Für eine Verletzung der Pflicht des § 42 VI, wonach gewöhnliche Briefsendungen binnen $^1/_2$ Stunde nach Eintreffen der Posten eingelegt sein sollen, besteht nach § 6 PG. eine Haftung nicht, da bei diesen Sendungen jede Schadensersatzpflicht der Post aus Vertragsverletzungen ausgeschlossen ist.

6. Besondere Fälle der Haftung.

Es seien hier noch kurz einige Fälle betrachtet, die sich von den bisher erörterten dadurch unterscheiden, daß die Post tatsächlich die Sendungen oder, was allein für eventuelle Ersatzansprüche in Frage kommt, die Ablieferungsscheine richtig eingelegt hatte,[1] daß aber nach der Einlegung Umstände eingetreten sind, durch die die eingelegten Gegenstände gleichwohl in unbefugte Hände gelangt sind, so daß infolgedessen auch eine Aushändigung der Sendung selbst an einen Unberechtigten erfolgt und ein Verlust der Sendung für den Absender eingetreten ist. Solche Fälle sind: Das Fach wird von einem Unberechtigten mittels eines falschen Schlüssels geöffnet, ein in Anbetracht der besonders kunstvollen Schlösser wohl ziemlich seltener, aber doch bereits vorgekommener Fall; oder der richtige Schlüssel ist verloren ge-

[1] Im folgenden werden nur die Fälle berücksichtigt, in denen Ablieferungsscheine (bzw. Paketadressen zu gewöhnlichen Paketen) einzulegen sind, da eine Haftung für einzulegende gewöhnliche Sendungen nicht stattfindet.

gangen, entwendet worden und wird nun von dem unehrlichen Finder oder Dieb mißbraucht, endlich auch der nicht ausgeschlossene Fall, daß innerhalb des Dienstraumes der Schließfachschrank von einem unehrlichen Beamten geöffnet und eingelegte Gegenstände durch ihn herausgenommen und beiseite gebracht werden.

In allen diesen Fällen sind die Folgen für den Empfänger bzw. Absender genau dieselben, als wenn die Post die Gegenstände in ein falsches Fach gelegt hätte, wodurch sie in die Hände unehrlicher Dritter gelangten. Verlust der Sendung liegt dann in genau demselben Sinn und Umfang vor wie in jenem, oben ausführlich erörterten Fall. Macht nun der Absender die Ansprüche wegen Verlustes — eventuell nur Beschädigung — gegen die Post geltend, so gilt über Klaggrund und Beweislast dasselbe wie oben unter 5. Der Post würde der Beweis zufallen, daß sie die Gegenstände richtig eingelegt hatte, — wie es hier nach Lage der Fälle tatsächlich geschehen war; diesen Beweis zu führen, wird ihr geradezu unmöglich sein. Nur wenig wird hieran der Umstand ändern, daß ihr möglicherweise die nachträglich entdeckten Verbrecher als Zeugen dienen könnten dafür, daß diese bestimmte Sendungen, wegen deren Verlust die Post in Anspruch genommen wird, durch ihre Straftat in die Hände bekommen haben; trifft letzteres zu, dann würde sich in vielen Fällen ein zwingender Schluß darauf ziehen lassen, daß die Scheine richtig eingelegt waren. Im allgemeinen aber wird, so oft die Post den ihr obliegenden Beweis nicht zu führen vermag, die oben für den Fall unrichtiger Einlegung erörterte Haftung der Post im gleichen Umfang Platz greifen.

Etwas günstiger hinsichtlich ihrer Beweislast steht die Post in dem weiteren Fall, daß der Schein tatsächlich richtig in die Hände des Empfängers gekommen, aber bei diesem vor der Unterzeichnung des Quittungsformulars in eines Unberechtigten Hände gelangt und von diesem dann die Sendung abgeholt worden ist. Denn hier würden der Post eventuell Zeugen über die wirklich erfolgte Übermittelung durch den Boten des Empfängers in dessen Machtbereich zu Gebote stehen.

Mit Leichtigkeit wird die Post den Beweis richtiger Einlegung dann führen, wenn nach Unterzeichnung des Ablieferungsscheines durch den Empfänger ersterer in eines Unberechtigten Hände gelangt, der die Sendung abholt. Denn die echte Quittung des Empfängers beweist, daß die Einlegung in dessen Fach geschehen sein muß. Die Legitimation des Abholenden brauchte die Post nicht zu prüfen. Die günstige Position der Post in diesem Falle würde aber ein geschickter Schachzug des Empfängers vollständig illusorisch machen können. Behauptet nämlich jetzt der Empfänger, die Post habe die Sendung selbst nicht dem, der den echt quittierten Schein vorlegte, und dessen Legitimation zu prüfen ihr allerdings nicht oblag, sondern infolge einer Verwechselung einem anderen Abholer ausgehändigt, so hat sie jene vom Empfänger bestrittene Tatsache zu beweisen. Denn es gehört zur Erfüllung ihrer Verträge, daß sie auch bei Abholung der Sendung selbst nach §§ 48, 49 PG. ·|· §§ 42, 43 PO. für deren Aushändigung insoweit haftet, daß sie tatsächlich an den, der den Schein vorlegt, aushändigt, nicht aber infolge einer augenblicklichen Verwechselung, wie sie leicht vorkommen kann, an einen anderen Vorzeiger eines anderen Scheines. Den Beweis, den sie an sich dadurch führen könnte, daß sie sich auf das Zeugnis dessen stützte, der den Schein unbefugt vorgelegt hat, kann sie aber meist nicht führen, weil jener Unberechtigte in den meisten Fällen allen Beteiligten unbekannt sein wird.

Es könnte also vorkommen, daß sogar in Fällen, in denen die Ablieferungsscheine richtig eingelegt worden waren, die Post in Anspruch genommen würde und indirekt für einen Umstand, der nach der Einlegung eingetreten und von ihr an sich nicht zu vertreten ist, aufkommen müßte, und dies nur wegen der Unmöglichkeit oder wenigstens außerordentlichen Schwierigkeit der ihr obliegenden Beweise.

Die gesamten, sich streng an die Bestimmungen des PG. und der PO. haltenden Ausführungen ergeben, daß es durchaus ungerechtfertigt ist, wenn die Post sich, wozu sie sehr neigt, auf den Standpunkt stellt, daß sie bei Abholung von Postsendungen, sei es im gewöhnlichen Abholungs-, sei es insbesondere im Schließfachverfahren, überhaupt für nichts aufzukommen habe. Aus guten Gründen hat zwar der Gesetzgeber der Post für die beiden Arten von Abholung besondere Erleichterungen hinsichtlich der Legitimation des Abholenden und der Unterschrift der Ablieferungsscheine etc. eingeräumt und entsprechend ihre Haftung gegenüber dem sonstigen Zivilrecht sehr wesentlich beschränkt; denn es wäre unerträglich lästig und zeitraubend für Publikum und Post und würde auf den Schalterverkehr im höchsten Maße hemmend einwirken, wenn etwa amtlich beglaubigte Quittungen verlangt würden oder die Legitimation des Abholenden in einwandfreier Weise festgestellt werden müßte, unter welchen Voraussetzungen allein der Post eine Haftung im gewöhnlichen Umfang aufzubürden wäre. Mit jenen Erleichterungen hat es aber der Gesetzgeber keineswegs ganz in die Hand der Post legen wollen, mit den Sendungen zu verfahren, wie es ihr beliebe, ohne die geringste Verantwortlichkeit. Dies wäre um so unbilliger, als der Empfänger durch die Abholungsverfahren die Post von ihr obliegenden, wesentlichen Leistungen befreit und gleichwohl in seiner Rechtslage bedeutend schlechter gestellt ist, als wenn er der Post diese Leistungen nicht ersparte.

7. Die Benachrichtigungskarten.

Die Einlegung von Benachrichtigungskarten (vgl. S. 8) in die Schließfächer findet statt nur bei gewöhnlichen Sendungen, die entweder

1. wegen ihres Umfanges nicht in das Fach passen,
2. mit Porto und Nachporto oder
3. mit Nachnahme belastet sind.

Bei allen übrigen Sendungen, die mit Nachnahme oder Nachporto beschwert sind, erfolgt die Benachrichtigung bereits durch die Einlegung der Ablieferungsscheine (bzw. bei gewöhnlichen Paketen der zugehörigen Adresse) ins Fach (vgl. S. 60/61); sämtliche Ablieferungsscheine sind stets einlegfähig, da sie stets die gleiche, in das Fach passende Größe besitzen.

Es wäre eine völlig sinn- und zwecklose Umständlichkeit, etwa erst eine Benachrichtigungskarte auch bei diesen anderen Nachnahme- oder Nachportosendungen einzulegen, dann am Schalter die Ablieferungsscheine auszuhändigen und dann die zugehörige Sendung. Denn die Benachrichtigungskarte hat ja ausschließlich den Zweck, den Empfänger von dem Vorhandensein einer Sendung überhaupt zu benachrichtigen; handelt es sich nun z. B. um einen eingeschriebenen Nachnahmebrief, so ist gemäß § 42 VII PO. zunächst, d. i. vor Aushändigung der Sendung, der Ablieferungsschein auszuhändigen; dies geschieht durch Einlegung ins Schließfach (§ 42 II PO.); dadurch aber erhält der Empfänger zugleich die bei solchen Sendungen, auch wenn sie nicht mit Nachnahme beschwert sind, erforderliche Mitteilung von dem Lagern der Sendung. Daß diese mit Nachnahme belastet ist und in welcher Höhe, braucht ihm dabei noch gar nicht mitgeteilt zu werden, — bei manchen Postanstalten wird wohl der Nachnahmebetrag auf dem Schein vermerkt, notwendig ist dies nicht —, auch die Benachrichtigungskarte gibt nicht unbedingt einen Anhalt, um welche der drei eingangs aufgezählten Arten nicht einlegfähiger gewöhnlicher Sendungen es sich im einzelnen Fall handelt (s. jedoch unten). Der Empfänger kann sich bei Abholung der Sendung selbst noch schlüssig machen, ob er sie annehmen will oder nicht. Daß die Einlegung der Ablieferungsscheine zu den mit Porto, Nachporto oder Nachnahme belasteten Sendungen in keiner Weise auch nur die geringste Gefährdung der Post hervorrufen kann, liegt auf der Hand; auch deshalb wäre die Anwendung der Benachrichtigungskarten auf diese Sendungen grund- und zwecklos.

Über die Benachrichtigungskarte findet sich in der PO. keine Bestimmung, sie beruht nur auf der Dienstinstruktion und ist rein betriebstechnischer Natur. Sie ist eingeführt, damit unnötiges Fragen am Schalter nach nicht einlegfähigen Sendungen vermieden wird. An sich könnte nach § 42 II Satz 2 PO. auch das Verfahren eingeschlagen werden, daß der Abholer des Empfängers stets nach Leerung seines Schließfachs am Schalter nach weiteren Sendungen fragt. Schon hieraus und vor allem aus dem Mangel jeglicher Personenbezeichnung und irgendwelcher Angaben über die Sendung außer der Mitteilung: „Weitere Sendungen am Schalter" geht hervor, daß die Karten nicht etwa Legitimations- oder Inhaberpapiere sind. Auch von den Ablieferungsscheinen, die zwar auch gleichzeitig dem Zwecke der

Benachrichtigung dienen, unterscheiden sie sich sehr wesentlich, indem an die Aushändigung bzw. Einlegung ersterer sowohl gesetzliche Erfordernisse der Ordnungsmäßigkeit als auch gesetzliche Folgen einer solchen geknüpft sind (§ 49 PG.).

Da nun zu den tatsächlich zur Einlegung gelangenden Sendungen die Benachrichtigungskarte in schlechterdings keinem Zusammenhang steht, so kann auch die angeblich geringere Sicherheit, die das Schließfachverfahren im Hinblick auf das Verfahren mit Benachrichtigungskarten für den Schließfachinhaber nach der Behauptung des Vertreters der Postverwaltung in jenem Cölner Prozeß biete, nur für die zufolge der Benachrichtigungskarten am Schalter abzufordernden und nach den Regeln des gewöhnlichen Abholungsverfahrens auszuhändigenden gewöhnlichen Briefsendungen in Frage kommen. Sehen wir näher zu, wie sich die Sicherheit dieser Sendungen im Schließfachverfahren darstellt.

Würde die Post sich der postordnungsmäßig nicht vorgeschriebenen Benachrichtigungskarten nicht aus praktischen Gründen bedienen, so würde jeder Beliebige an den Schalter kommen, nach den nicht einlegfähigen Sendungen für irgend einen Schließfachinhaber fragen können und würde diese Sendungen nach den gewöhnlichen Regeln ausgehändigt erhalten. Durch die Einrichtung der Benachrichtigungskarte wird aber dieser ganz unbegrenzten Abholungsfreiheit jedes Beliebigen für die zugleich ein Schließfach innehabenden Empfänger doch insoweit ein Riegel vorgeschoben, als der, der am Schalter die nicht einlegfähigen Sendungen abfordert, in der Regel eine Benachrichtigungskarte vorzeigen und abgeben muß, wenn man dies auch nicht als ein unbedingtes Erfordernis wird aufstellen können, eben weil die Karten nur betriebstechnischer Natur sind. Da nun aber bei größeren Ämtern verschiedenfarbige Karten für die verschiedenen Arten nicht einlegfähiger Sendungen eingeführt werden können, wird diese Sicherheit dadurch zweifellos noch weiter erhöht. Denn wenn, wie die Post in jenem Prozesse vor dem OLG. Cöln ausführen[1] ließ, es einem unredlichen Schließfachabholer ein leichtes wäre, durch Vorzeigen der in sein

[1] Referiert in den „Leipziger Neuesten Nachrichten", Jahrg. 1905, Nr. 135.

Fach eingelegten Benachrichtigungskarte die nicht einlegfähigen Sendungen anderer Schließfachabholer am Schalter zu verlangen, die eigenen aber später mit einer später in sein Fach gelegten Karte, so wird dies durch verschiedenartige Karten erschwert: Wenn der Unredliche mit einer Karte, die sich auf eine mit Nachporto (oder Porto) belastete Sendung bezieht, am Schalter die Sendung irgend eines anderen Abholers verlangt, für den aber eine Nachnahmesendung vorliegt, so wird der Beamte zum mindesten stutzig werden. Jedenfalls setzt sich der Unredliche der Gefahr aus, daß nach seiner Legitimation gefragt wird.

Aus alledem geht deutlich hervor, daß auch durch die Benachrichtigungskarten der Schließfachinhaber hinsichtlich der nicht einlegfähigen Sendungen keinesfalls schlechter gestellt ist, als wenn er für alle seine Sendungen vom gewöhnlichen Abholungsverfahren Gebrauch machte, oder wenn die Benachrichtigungskarten gar nicht eingeführt wären.

Eine unrichtige Einlegung einer Benachrichtigungskarte führt keinerlei Nachteile herbei. Denn entweder stellt sich heraus, wenn ein Abholer eine in Wirklichkeit für ein anderes Fach bestimmt gewesene Karte in seinem Fache findet und auf Grund derselben nach weiteren Sendungen für sich fragt, daß die Einlegung versehentlich erfolgt sein muß, oder aber der Abholer macht sich zufällig gerade die unrichtig eingelegte Karte in der oben geschilderten Weise zunutze, wozu er aber, wenn er einmal eine solche Absicht hat, gar nicht auf eine unrichtige Einlegung, die auch er erst am Schalter als solche erkennen könnte, zu warten braucht, sondern eine ganz richtig in sein Fach eingelegte benutzen kann.

Nach diesen Erörterungen kann man keinesfalls die gar nicht zu leugnende tatsächlich größere Sicherheit der in ein Schließfach eingelegten Gegenstände gegenüber den im gewöhnlichen Verfahren abgeholten in irgend einer Weise als durch die Einrichtung der Benachrichtigungskarten beeinträchtigt ansehen oder dem Schließfachverfahren als solchen deshalb die tatsächlich vorhandene größere Sicherheit absprechen wollen.

B. Rechtslage und Rechtsbeziehungen des Schließfachinhabers.

I. Die juristische Natur des Schließfachabkommens.

Über die Form des Abschlusses des Schließfachabkommens ist bereits gesprochen. Es ist ein Vertrag zwischen Empfänger und Post, dessen Abschluß durchaus vom Willen des ersteren abhängt, aber gleichwohl wesentliche Modifikationen, und zwar Erleichterungen, in den der Post dem Absender gegenüber aus ihren Verträgen mit diesem obliegenden Pflichten herbeiführt. Der Absender muß dies gegen sich gelten lassen, da die PO. als lex contractus zwischen Post und Absender ersterer das Recht gewährt, sowohl gewöhnliche Abholungs- als Schließfachabkommen mit dem Empfänger zu treffen und gewissermaßen durch den Willen des Empfängers und den ihrigen zu bestimmen, welche Pflichten sie bei Vorliegen jener Abkommen dem Absender zu erfüllen habe, und in welchem Maße sie für eine Verletzung dieser Pflichten zu haften habe. Insoweit also ist das zwischen Empfänger und Post getroffene Schließfachabkommen Bestandteil des Vertrages zwischen Absender und Post.

Was die rechtliche Natur des Schließfachabkommens anlangt, so könnte man geneigt sein, es als einen Verwahrungsvertrag zu charakterisieren, dahingehend, daß die Post einlegfähige Postsachen in dem Schließfache für den Empfänger aufzubewahren sich verpflichte von dem Zeitpunkte an, von dem zufolge der postrechtlichen Wirkungen des Abkommens der Post eine Verwahrungspflicht dem Absender gegenüber nicht mehr obliegt, das wäre, was gewöhnliche einlegfähige Postsendungen anlangt, von deren Einlegung ins Fach an, da hiermit der Beförderungsvertrag vollständig erfüllt ist, und was die Ablieferungsscheine zu allen übrigen Sendungen betrifft, vom gleichen Zeitpunkt ab, weil sie nach § 42 II, VII PO. damit als ausgehändigt zu gelten haben. Ob übrigens hinsichtlich der Ablieferungsscheine und Paketadressen überhaupt von einer Verwahrungspflicht der Post dem Absender gegenüber gesprochen werden kann, erscheint deshalb äußerst zweifelhaft, weil es sich bei diesen Scheinen stets um eigene Sachen der Post handelt; denn Postanweisungen und Paketadressen gehen nach PO. mit der Einlieferung seitens des Absenders in das Eigentum der Post über, die überhaupt erst bei der Postanstalt des Bestimmungsortes ausgefertigten Ablieferungsscheine zu Wert- und Einschreibbriefen aber sind von vornherein und bleiben ihr Eigentum. Aus dem gleichen Grunde wird es nicht angängig sein, anzunehmen, daß die Post etwa dem Empfänger gegenüber durch das Abkommen eine Pflicht zur Verwahrung ihrer eigenen Sachen im Schließfach begründen wolle. Die Annahme eines Verwahrungsvertrags würde also hinsichtlich eines sehr großen Teils der einzulegenden Gegenstände, nämlich aller Ablieferungsscheine, nicht zutreffen, und es würde derselbe Vertrag je nach der Art der einzulegenden Gegenstände eine verschiedene juristische Natur haben. Daß aber der einheitlich für alle Arten einzulegender Sachen geschlossene Schließfachvertrag in jedem einzelnen Falle der Einlegung dieselbe juristische Natur haben muß, liegt auf der Hand. Zu erwägen wäre nur, ob vielleicht bezüglich der gewöhnlichen Postsendungen in dem Abschlusse des im übrigen anders gearteten Schließfachabkommens zugleich der eines Verwahrungsvertrags als Nebenvertrag liegen könnte; hierüber siehe unten.

Vor allem aber kann das Schließfachabkommen ein Verwahrungsvertrag deshalb nicht sein, weil das Bürgerliche Gesetzbuch § 688 fordert und voraussetzt, daß die zu verwahrende Sache vom Hinterleger, das wäre hier der Empfänger, dem Verwahrer übergeben wird. Eine Übergabe der einzulegenden Sachen seitens des Empfängers an die Post findet jedoch in keiner Weise statt, vielmehr soll ja mittels des Schließfachs dem Empfänger überhaupt erst ausgehändigt werden! Wie sollten sie da vorher schon in irgend einer Form der Post übergeben sein können. Damit ist aber auch noch nicht ausgeschlossen, daß bezüglich gewöhnlicher Postsendungen ein Verwahrungsnebenvertrag im Schließfachabkommen liegen könnte; Voraussetzung wäre aber auch hier, daß diese Sendungen als in irgend einer Form der Post vom Empfänger wieder übergeben angesehen werden könnten, nachdem sie in den Besitz des Empfängers gekommen waren.

Diese Frage kann jedoch erst nach Erörterung der Besitzfragen beantwortet werden; s. u. S. 91.

Mit diesem Ergebnis der theoretischen Erörterung, das die Auffassung des Schließfachabkommens als eines Verwahrungsvertrags ablehnt, stimmt völlig die Tatsache überein, daß der Zweck des Schließfachabkommens gar nicht auf die Schaffung einer zweckmäßigen Einrichtung zur Aufbewahrung von Postsachen, sondern einer Einrichtung zu einer zweckmäßigen praktischen Aushändigung von Abholsachen gerichtet ist. Die Post überläßt den Gebrauch dieser Einrichtung gegen ein Entgelt dem Empfänger; der vertragsmäßige Gebrauch besteht darin, daß die Post alle Postsachen, das sind die einlegfähigen gewöhnlichen Postsendungen und alle Ablieferungsscheine, soweit der Empfänger in der Abholungserklärung erklärt hat, die zu den Scheinen gehörigen Sendungen abholen zu wollen, in das Fach einlegt, ihm auf diese Weise möglichst rasch zugänglich macht und aushändigt. Nach alledem sehen wir im Schließfachabkommen einen Mietvertrag des Bürgerlichen Gesetzbuchs vor uns über eine Einrichtung zu dem gekennzeichneten Zweck.

Ob diesem Mietvertrag ein Verwahrungsvertrag über die eingelegten gewöhnlichen Postsendungen bis zu deren Entnahme seitens des Empfängers oder bis zu der nach § 42 VIII erfolgenden Bestellung als Nebenvertrag immanent ist, ist später zu entscheiden.

2. Der Besitz an den in das Schließfach eingelegten Gegenständen und seine Bedeutung.

In der Literatur findet sich eine einzige Bemerkung über die Frage, wer Besitz an den in das Schließfach eingelegten Postsachen hat, bei REICHARDT.[1,2] Im Anschluß an seine Ausführung, daß der, der an seinem Hause einen Briefkasten anbringt, damit

[1] A. a. O. S. 24.

[2] Die Schließfächer erwähnt schon MEILI, Das Recht der modernen Verkehrs- und Transportanstalten; Leipzig 1888, unter dem in der Schweiz üblichen Namen „Abholfächer“, als eine schweizerische Einrichtung, ohne jedoch näher darauf einzugehen.

ein für allemal den Willen dokumentiere, an allen eingelegten Briefen Besitz und damit Eigentum zu erwerben, und daß daher mit der Einlegung diese Rechtswirkung herbeigeführt werde, sagt der Verfasser: „Dies gilt auch für die Fälle, wo ich meinen Briefkasten auf der Post (sogen. letter-boxes) ... habe.“ Nach den einleitenden Bemerkungen über die äußere Einrichtung der Fächer erhellt ohne weiteres, daß ein solcher Vergleich der Schließfächer mit den Briefkästen an Haus und Wohnung nicht haltbar ist. Reichardt hat offenbar, wie vor allem die Worte „meinen Briefkasten“ zeigen, die übrigens naheliegende, irrige Vorstellung, daß die Fächer nur von außen zu öffnen und daß die Sendungen etwa durch einen an irgend einer Seite angebrachten Schlitz eingeworfen werden. Wäre diese Vorstellung zutreffend, so würde gegen Reichardts Ansicht nichts zu sagen sein, da dann die Sachlage durchaus der bei den Briefkästen entspräche, der Empfänger durch die Einwerfung tatsächlich alleiniger Besitzer und selbstverständlich Eigentümer würde. Nach der tatsächlichen Sachlage aber ist die Frage eingehender zu prüfen.

Es ist zunächst zu berücksichtigen, daß es sich um Sachen handelt, die sich in einem Behältnis befinden, das sowohl der Post — von innen — als von dem Empfänger — von außen — mittels verschließbarer Türen zugänglich ist. In einem solchen Falle muß man sagen, wer die tatsächliche Gewalt über das verschlossene, ihm zugängliche Behältnis hat, hat ohne weiteres auch den Besitz an den eingeschlossenen Gegenständen. Es fragt sich demnach vor allem, wer Besitz am Schließfach hat, ob überhaupt außer dem Besitz der Post an dem mit dem Grundstück zweifellos als wesentlichen Bestandteil verbundenen Schließfachschrank und einzelnen Schließfach ein besonderer Besitz des Empfängers am Schließfach möglich ist.

Nach § 865 BGB. gelten die Vorschriften über den Besitz auch zugunsten desjenigen, welcher nur einen Teil einer Sache, insbesondere abgesonderte Wohnräume oder andere Räume besitzt. Stellt man § 93 des Gesetzes daneben, wonach Bestandteile einer Sache, die voneinander nicht getrennt werden können, ohne daß der eine oder der andere zerstört oder in seinem Wesen verändert wird — „wesentliche Bestandteile" —, nicht Gegenstand besonderer Rechte sein können, so ergibt sich, da doch abgesonderte Räume einer Sache wesentliche Bestandteile des Grundstückes sind, daß unter „Teilen" einer Sache in § 865 auch wesentliche Bestandteile verstanden sind, und an Teilen einer Sache, selbst wenn sie wesentliche Bestandteile derselben im Sinne von § 93 BGB. sind, besonderer Besitz möglich ist, jedoch, wie STROHAL[1] hinzufügt, soweit sie besondere Inhabung zulassen. Eine besondere Inhabung eines einem Schranke eingefügten Behältnisses läßt dieses aber allerdings zu innerhalb der durch den Gebrauch des Schlüssels gegebenen Grenzen. Ob das Behältnis einer beweglichen Sache, also z. B. einem Schranke, oder einer unbeweglichen — dem mit dem Grundstück verbundenen Schließfachschrank — eingefügt und dessen wesentlicher Bestandist, ist gleichgültig. Unter „Teil einer Sache" in § 865 BGB. sind bewegliche und unbewegliche Sachen gleichermaßen verstanden. Es ergibt sich also, daß der Schließfachmieter Besitz am Schließfach hat.

Die Post als Besitzerin der ganzen Sache, von der der Empfänger einen wesentlichen Bestandteil besitzt, und als Vermieterin des letzteren steht nun als solche bezüglich des Schließfaches dessen Mieter als mittelbare Besitzerin gegenüber. Darüber hinaus aber ist ihr auch eine besondere Gewalt über den im unmittelbaren Besitz eines anderen befindlichen wesentlichen Bestandteil der ganzen Sache gegeben, indem auch ihr das Schließfach mittels einer verschließbaren Tür zugänglich ist. Ganz abgesehen von dem Mietverhältnis und dem dadurch begründeten Verhältnis von unmittelbarem und mittelbarem Besitzer zwischen Post und Empfänger übt erstere also die tatsächliche Gewalt über das Schließfach in genau derselben Weise aus wie der Empfänger. Es ist ihr daher hinsichtlich des einzelnen Faches ein dem Besitz des Empfängers inhaltlich völlig gleich weit gehender Besitz am Fache zuzusprechen, nämlich in den oben gekennzeichneten Grenzen.

Daß diejenigen, die in gleicher Weise den Besitz am

---

[1] A. a. O. S. 33.

Schließfach ausüben, sich jeder einer besonderen Tür, also auch verschiedener Schlüssellöcher, hierbei bedienen, kann einen Unterschied von dem Fall nicht begründen, daß zwei Personen entweder mit gleichen Schlüsseln jeder für sich durch dasselbe Schlüsselloch ein Behältnis zu öffnen vermögen oder mit zwei verschiedenen Schlüsseln mittels entsprechend verschiedener Löcher. Da in diesen Fällen aber zweifellos ein Mitbesitz pro indiviso an dem fraglichen Behältnis vorliegt, trage ich kein Bedenken, auch für das Schließfach einen Mitbesitz der Post und des Schließfachmieters an ihm als begründet zu erachten. Hiernach besitzen Post und Schließfachinhaber auch die im Fach befindlichen, ihnen in gleicher Weise zugänglichen Postsachen als Mitbesitzer.

Über dies Mitbesitzerverhältnis an den eingelegten Sachen ist noch folgendes zu bemerken, zunächst was die gewöhnlichen Sendungen, abgesehen von den einzulegenden Ablieferungsscheinen, anlangt.

Die Postsendungen selbst — abgesehen von etwa dazugehörigen Ablieferungsscheinen — befinden sich vom Augenblick der Einlieferung zur Beförderung ab im Besitze der Post, die jedoch dem Absender auf Grund des Beförderungsvertrages und auch des diesem immanenten Verwahrungsvertrages immer noch den mittelbaren Besitz vermittelt; denn auf Grund ihres Vertrages ist sie bis zu dem Zeitpunkt, in dem sie die Postsendung dem Empfänger aushändigt oder auf Grund von § 33 I PO. dem zurückfordernden Absender zurückgibt, diesem gegenüber zum Besitz verpflichtet bzw. berechtigt.[1] Danach liegt ein Besitzverhältnis nach § 868 BGB. vor. Der mittelbare Besitz des Absenders endigt nun mit dem Augenblick der vertragsmäßigen Aufhebung des zwischen Post und Absender bestehenden Vertragsverhältnisses, selbst bei Fortdauer des ihn bisher vermittelnden unmittelbaren Besitzes.[2] Ein Fall vertragsmäßiger Aufhebung ist die Endigung des Vertrages infolge Erfüllung. Dieser Augenblick ist im Schließfachverfahren hinsichtlich ein-

---

[1] So auch Frommer S. 26.

[2] Strohal, a. a. O. S. 110.

zulegender gewöhnlicher Sendungen ihre Einlegung in das Fach, wie oben gezeigt. Mit diesem Augenblick hört also die Post auf, auf Grund ihres Vertragsverhältnisses zum Absender im Verhältnis eines unmittelbaren zum mittelbaren Besitzer zu stehen und diesen dem Absender zu vermitteln. Sie besitzt nunmehr, von der Einlegung an, auf Grund ihrer räumlichen Beziehung zum Schließfach. Durch diese, ihrem eigenen ferneren Besitz eine neue Grundlage gebende Handlung überträgt sie gleichzeitig den Besitz auf den Schließfachinhaber.

Hinsichtlich der „Formulare zu den Ablieferungsscheinen" (und der Paketadressen) bestehen hiervon einige Abweichungen. Da an den Scheinen, soweit sie sich auf der Postanweisung oder der Paketadresse befinden, die Post mit ihrer und der dazugehörigen Sendung Einlieferung das Eigentum an den Formularen erwirbt, besitzt sie diese als Eigentümerin, ohne dem Absender den Besitz an ihnen zu vermitteln, der einen Anspruch auf Wiederauslieferung der Formulare nicht hat. Erst recht gilt dies alles von den erst am Bestimmungsort ausgefertigten Ablieferungsscheinen zu Wert- und Einschreibbriefen. An allen Scheinen, und ebenso den Paketadressen zu gewöhnlichen Paketsendungen behält die Post für immer das Eigentum; mit ihrer Einlegung in das Schließfach überträgt die Post daher zwar den Besitz auf den Empfänger, jedoch nur zum Zwecke der Ausfüllung der Quittung durch den Empfänger, bei Paketadressen zu gewöhnlichen Sendungen zu dem Zwecke, das zur Abholung der Sendung erforderliche Ausweispapier auszuhändigen, nie zwecks Eigentumsübertragung.

Hiermit ist die wesentlichste Bedeutung, die die Einlegung für den Empfänger hat, schon angedeutet: Mit der Erlangung des Besitzes und der an diesen geknüpften Rechtswirkungen wird der Empfänger Eigentümer der eingelegten Sendungen, soweit der Wille des Absenders auf Übertragung des Eigentums und der des Schließfachinhabers auf Erwerbung desselben gerichtet ist. Bezüglich dieses letzteren gilt das Analoge zu dem, was Reichardt[1] über die Dokumentierung des Willens, Eigentum an

---

[1] A. a. O. S. 24.

den in Briefkästen eingelegten Sachen zu erlangen, sagt: Liegt bei letzteren die Dokumentierung in dem Anbringen des Kastens. so liegt sie beim Schließfache in dessen Ermietung. Praktisch wird die Tatsache, daß der Empfänger Eigentümer geworden ist, in den Fällen, wo eingelegte Sachen entwendet werden, sei es durch Öffnen mittels Nachschlüssels oder sei es durch einen ungetreuen Beamten; hier kann der Empfänger selbständig den Herausgabeanspruch geltend machen, nicht bedarf er hierfür einer Abtretung der Ansprüche seitens des Absenders.

An der Tatsache, daß der Schließfachinhaber Eigentümer wird, vermag die Tatsache nichts zu ändern, daß möglicherweise, falls nämlich der Empfänger nicht innerhalb der Frist des § 42 VIII die Sendungen abholt, die Post die eingelegten Sendungen zur Bestellung bringt. Daß es in solchem Falle, wie oben ausgeführt ist, so angesehen werden soll, als wäre eine Einlegung noch gar nicht erfolgt und als läge gar kein Schließfachabkommen vor, gilt nur hinsichtlich der Beziehungen der Post zum Absender und der Erfüllung ihrer Vertragspflichten ihm gegenüber; um die etwa inzwischen eingetretenen Rechtswirkungen im Verhältnis von Absender zu Empfänger kümmert sie sich, wie grundsätzlich, so auch hier nicht. Gemäß der PO. gelten solche Rechtswirkungen der Post gegenüber als nicht vorhanden. Über ähnliche, auf dem gleichen Grundsatz beruhende Erscheinungen s. u.[1] Die Post bestellt danach in solchen Fällen eine nicht mehr dem Absender, sondern bereits dem Empfänger gehörige Sache, jedoch ist ihr dies völlig gleichgültig, da sie die Bestellung der Sendung als solcher zufolge einer dem Absender gegenüber übernommenen Verpflichtung ausführt. Hier liegt einer der Fälle vor, von denen DAMBACH[2] — ohne Anführung von Beispielen — im allgemeinen, scheinbar paradox spricht mit den Worten: „Aus dem Umstande, daß die Post nur zum Absender in einem Vertragsverhältnis steht, folgt das Recht des Absenders, die Sendung zurückzufordern, solange sie dem Adressaten noch nicht ausgehändigt worden ist; ob das Eigentum der abgeschickten Ware schon früher auf den

[1] Vgl. S. 100/1; 102; 120.

[2] A. a. O. S. 52.

Adressaten übergegangen war, ist für das Rechtsverhältnis der Postverwaltung gleichgültig. Letztere bekümmert sich um die rechtlichen Beziehungen des Absenders zum Adressaten in keiner Weise."

Händigt die Post eingelegte gewöhnliche Sendungen — nur solche können in Frage kommen — dem Empfänger am Schalter aus, so handelt es sich ebenfalls um bereits dem Empfänger gehörige Sachen; gleichwohl handelt die Post hiermit, wie oben gezeigt ist, dem Absender gegenüber vertragswidrig, wenn auch in diesen Fällen diese Vertragswidrigkeit irgendwelche Rechtsnachteile zufolge eines etwa dadurch verursachten Verlustes der Sendung für die Post nicht nach sich ziehen kann, da ja § 6 PG. jeden Ersatz für einen Verlust gewöhnlicher Sendungen ausschließt. —

Die Bedeutung des Besitzes für die Post besteht einmal darin, daß sie alle aus ihm fließenden Rechte ausüben kann, insbesondere auch ihrerseits Rückstellung der Sache an sie von einem sie unrechtmäßig Besitzenden fordern kann, zum andern darin, daß sie nicht widerrechtlich handelt, wenn sie sich auch nach Einlegung der Gegenstände noch weiter mit ihnen im Interesse des Absenders sowohl als des Empfängers befaßt, z. B. sie nochmals dem Fache entnimmt, um nachzuprüfen, ob etwa ein falsch eingelegter Gegenstand sich darunter befindet.

Nicht übergangen sei die Frage, ob alle diese Grundsätze eine Modifikation erfahren dadurch, daß Postsachen teilweise zur Nacht eingelegt werden, wo dem Empfänger der Zugang zum Schließfach versperrt ist, ob also der Schließfachinhaber dann dennoch mit dem Zeitpunkte der Einlegung Besitzer wird. Man wird wohl nicht fehlgehen, diese regelmäßige und sich meist nur auf acht und mehr Nachtstunden erstreckende Verhinderung des Empfängers, auf die Sache einzuwirken, zu einer Zeit, in der er gar nicht das Bedürfnis hat, seine Herrschaft über das Schließfach auszuüben, als eine ihrer Natur nach vorübergehende anzusehen und unter § 856 Abs. 2 BGB. zu fassen, wonach das Gesetz annimmt, daß dem Besitzer trotzdem die Möglichkeit zur Ausübung der tatsächlichen Gewalt über die Sache nicht fehlt.[1]

---

[1] Strohal S. 90.

Anders liegt die Sache, wenn dem Fachinhaber alle Schlüssel zum Fach abhanden gekommen sind. Dann hat er zweifellos keinen Besitz an den eingelegten Sachen und auch nicht am Schließfach, da ja eben seine besondere Inhabung des Faches sich auf den Schlüssel und die ihm durch diesen ermöglichte Herrschaft über das Fach stützt. Ist nur einer der Schlüssel in unrechte Hände geraten, so wird der Unberechtigte, falls er weiß, was für einen Schlüssel er besitzt, als Mitbesitzer anzusehen sein.

Zu erörtern ist nun, ob auf Grund der Tatsache, daß die Post von der Einlegung an nicht mehr zufolge ihres Vertrages mit dem Absender, sondern zufolge ihrer räumlichen Beziehungen zum Schließfach besitzt, vielleicht dieser ihr neuer Besitz als ihr vom Empfänger übertragen, also der Gegenstand als ihr neuerlich von letzterem übergeben angesehen werden kann. Damit wäre der Mangel der Hingabe der zu verwahrenden Sache, demzufolge dem Schließfachabkommen die Natur eines Verwahrungsvertrages zwischen Schließfachinhaber und Post abgesprochen werden mußte, behoben und es könnte vielleicht ein Verwahrungsvertrag wenigstens dem Schließfachvertrag immanent erscheinen. Bei näherer Prüfung ergibt sich jedoch, daß eine Rückübergabe der Sachen seitens des Empfängers an die Post in keiner Weise konstruiert werden kann und die Tatsache des Fortbesitzes der Post sich nicht auf eine solche neuerliche Übergabe seitens des Empfängers gründet. Einem diese Rückübergabe vermittelnden und ersetzenden stillschweigenden constitutum possessorium würde das wesentlichste Erfordernis fehlen, die (ebenfalls stillschweigende) Vereinbarung eines den Vorschriften des § 868 BGB. entsprechenden Rechtsverhältnisse zwischen Empfänger und Post, demzufolge ersterer (neben seinem unmittelbaren Besitz) wieder in das Verhältnis eines mittelbaren Besitzers zu der unmittelbar besitzenden Post treten würde. Ein solches Rechtsverhältnis fehlt gänzlich, liegt insbesondere nicht etwa in einem Verwahrungsvertrag, da bei einem solchen die erforderliche Hingabe zwar durch constitutum possessorium ersetzt werden könnte, aber nicht zu diesem constitutum possessorium das Rechtsverhältnis, bei dessen Begründung das constitutum possessorium die tatsächliche Hingabe ersetzen soll, die causa bilden kann, ohne die ein constitutum possessorium abstrakt und daher unwirksam ist.[1]

Es kann daher dem Schließfachabkommen ein Verwahrungsvertrag nicht immanent sein.

Die Tatsache des Besitzes des Schließfachinhabers an den gewöhnlichen Postsendungen und Ablieferungsscheinen im Schließfach regt weiter folgende Fragen an:

1. Bedingt Besitz und Eigentum des Empfängers an den eingelegten Gegenständen die Endigung des Rechtes des Absenders auf Rückforderung der Sendung? Hierüber siehe unter 3.

2. Bewirken die gleichen Tatsachen den Zugang der Willenserklärungen, die in eingelegten Sendungen enthalten sind? Hierüber siehe unter 4.

3. Hat der Empfänger ein selbständiges Recht auf Einlegung (diese hier jedoch nicht als Gegensatz zur Aushändigung am Schalter gedacht, sondern als das Analogon zu dem viel umstrittenen, selbständigen Recht auf Aushändigung der Sendung überhaupt), kann er also die Aushändigung und zwar mittels Einlegung in das Fach, fordern, verschafft insbesondere der Besitz der Ablieferungsscheine ihm ein eigenes Recht auf Aushändigung der Sendung selbst, bedeutet der Besitz der Scheine vielleicht gar den Besitz der Sendung selbst, und hat endlich der Besitz der Benachrichtigungskarte eine Bedeutung?

Die hier aufgeworfene Frage, ob der Empfänger ein Recht auf Einlegung der Sendungen — es sollen zunächst nur gewöhnliche ins Auge gefaßt sein — und der Ablieferungsscheine bzw. Paketadressen hat, ist nicht zu verwechseln mit dem oben behandelten Vertragsrecht des Absenders auf Einlegung der Gegenstände ins Fach im Gegensatz zu einer etwa im Belieben der Post liegenden Aushändigung am Schalter oder sonstige Weise. Dieses Vertragsrecht ist, wie hervorgehoben, ein dem Vertrag zwischen Post und Absender entspringendes, dessen Verletzung die Post dem Absender — und nur diesem — schadensersatzpflichtig macht. Die gegenwärtige Frage aber ist nichts anderes

---

[1] Strohal S. 92.

als die durch das Schließfachverfahren modifizierte Frage, ob der Empfänger neben dem Absender ein selbständiges Recht auf Auslieferung hat, die eben hier durch Einlegung der Gegenstände erfolgt. Bejaht man jenes Recht, so muß man auch dazu kommen, im Schließfachverfahren dem Empfänger ein Recht auf die die Aushändigung hier herbeiführende Einlegung zuzusprechen.

Bei Postanweisungen liegt die praktische Bedeutung der Frage, ob nach Aushändigung der Anweisung der Empfänger ein Recht auf Auszahlung der Postanweisungssumme hat, darin, daß im Bejahungsfalle die Gläubiger des Empfängers diesen Anspruch pfänden lassen könnten, und daß ferner die Anweisungssumme zur Konkursmasse des Empfängers gehören würde, wenn er nach Aufgabe oder wenigstens nach Eingang der Postanweisung in Konkurs fiele.

Das Recht des Empfängers ist viel umstritten worden und ist, solange das alte Handelsgesetzbuch noch galt, von den Verteidigern jenes Rechtes vielfach auf Art. 405 gestützt worden, dessen Anwendbarkeit auf die Verträge der Post jedoch sehr bestritten war, da Art. 421 bestimmte: „Für die Transportverträge der Post gelten die Bestimmungen des Handelsgesetzbuchs über das Frachtgeschäft nur insoweit, als nicht besondere Gesetze und Verordnungen etwas anderes bestimmen.“ PG. und PO. aber enthielten, wie von den Gegnern des Rechtes ausgeführt wurde, solche von Art. 405 abweichende Bestimmungen oder wenigstens solche, aus denen zu schließen wäre, daß Art. 405 für die Postverträge nicht Geltung haben könnte. Neuerdings haben unter Berücksichtigung des BGB. darüber geschrieben SCHMIDT,[1] HELLWIG,[1] FROMMER[1] und LEUTKE,[2] COSACK.[3] Ältere Schriftsteller, die das Recht verteidigen, sind: KANN,[4] VOGEL,[5]

[1] A. a. O.

[2] Das Verfügungsrecht beim Frachtgeschäft, mit besonderer Berücksichtigung des Postfrachtgeschäfts. Berlin 1905.

[3] Lehrbuch des Handelsrechts. 4. Aufl. Stuttgart 1898. S. 498/99.

[4] Die Transportgeschäfte der Post. Diss. Erlangen 1892. S. 161.

[5] Das Dispositionsrecht beim Transport. Diss. Zürich 1889. S. 47 ff.

Schott,[1] Meili,[2] solche, die es verneinen: Dambach,[3] Gareis,[4] Dernburg,[5] Laband,[6] Sydow,[7] Tinsch.[8]

Nachdem § 452 des neuen Handelsgesetzbuchs die Geltung desselben für die Postverträge ausdrücklich völlig ausgeschlossen hat, läßt sich, wie auch Schmidt und Hellwig tun, die Existenz eines solchen Rechtes nur noch in der Weise begründen, daß man die allen Postverträgen immanenten Beförderungsverträge als Verträge zugunsten eines Dritten auffaßt und unter Zugrundelegung des § 328 BGB. behauptet, weil bei allen Beförderungsverträgen im Zweifel schon aus ihrem Zweck anzunehmen sei, daß der Dritte berechtigt sein solle, die Auslieferung des Gutes zu verlangen,[9] so seien auch die Beförderungsverträge der Post Verträge zugunsten eines Dritten. Die Versuche Leutkes, unter Verzicht auf alle theoretischen Konstruktionsversuche ausschließlich auf einige Vorschriften des Postsonderrechtes ein Recht des Empfängers zu stützen, müssen als verfehlt angesehen werden. Denn keine einzige positive Bestimmung des PG. oder der PO. gibt, wie selbst Hellwig hervorhebt, der einige von Leutke verwendete Momente ausdrücklich als nichtssagend hinstellt, einen durchschlagenden Anhalt für das Recht des Empfängers.

Ich stehe völlig auf dem Standpunkte Frommers, der die wichtigsten Begründungen der Gegner überzeugend widerlegt und das angebliche Recht ganz entschieden verneint. Ich halte für völlig durchschlagend — insbesondere gegenüber der Konstruktion

---

[1] Das Transportgeschäft, bei Endemann, Handb. des Deutschen Handelsrechts. Bd. III S. 284 ff., S. 566.

[2] Die Haftpflicht der Postanstalten. Leipzig 1877. S. 147.

[3] Das Gesetz über das Postwesen des Deutschen Reichs. 5. Aufl. Berlin 1892. S. 49/50.

[4] Postanweisung. In den Blättern für Rechtsanwendung, zunächst in Bayern, herausgeg. v. Seuffert, Bd. 54, 1889, S. 120.

[5] Pandekten. 5. Aufl. Berlin 1897; spez. Bd. II S. 55.

[6] Das Staatsrecht des Deutschen Reichs. 3. Aufl. Leipzig 1895. Bd. II S. 84.

[7] Kritik über Mittelstein, Beiträge zum Postrecht. Berlin 1891, im Archiv f. Post und Telegraphie 1891, S. 519 ff.

[8] Postanweisung. Erlangen 1890. S. 41, 43. — Bei Gruchot, Bd. 35 S. 205, 211.

[9] Hellwig S. 523.

der Postbeförderungsverträge als Verträge zugunsten Dritter — die Tatsache, daß laut Vertragsbestimmung zwischen Post und Absender, § 33 I PO., der letztere bis zur Aushändigung der Sendung das Recht hat, sie zurückzufordern, daß daher — im Gegensatz zu dem vom Rechte des Absenders auf Konterorder genau abgegrenzten Auslieferungsrechten des Empfängers im Frachtgeschäft des Handelsrechts — die beiden Berechtigungen unfehlbar kollidieren müßten und sich unlösbare Schwierigkeiten ergäben, wenn z. B. — was ja allerdings bei der Vorzüglichkeit der Organisation unserer Post als ein fast ausgeschlossener Fall erscheinen muß — der Empfänger Klage auf Auslieferung der Sendung erhöbe, darauf aber der Absender sie zurückfordern würde. Gerade dieses Moment ist gegen SCHMIDT und HELLWIG dahin zu verwerten, daß dieses weitgehende Rückforderungsrecht und die sich ergebende unvermeidliche Kollision mit dem eventuellen Recht des Empfängers als ein Umstand im Sinne von § 328 BGB. anzusehen ist, aus dem zu entnehmen ist, ob der Dritte das Recht, die Leistung — Auslieferung — selbständig zu fordern, erwerben soll. Dieser Umstand aber kann nur zur Verneinung des Rechtes des Dritten führen.

Weiter ist zu beachten, daß jeder Anhalt fehlt, von welchem Zeitpunkte an denn der Empfänger das Recht besitzen soll. Völlig willkürlich — offenbar analog dem Handelsgesetzbuch — behauptet COSACK,[1] nach Ankunft der Sendung am Bestimmungsorte erhalte der Empfänger das Recht. Dem hält FROMMER[2] entgegen, daß keine Gründe vorlägen, warum es, wenn es überhaupt bestände, befristet sein sollte. Eine Analogie zum Handelsrechte würde m. E. viel richtiger dahin gezogen werden müssen, daß das Recht des Empfängers beginnen müßte, sobald das des Absenders aufhört zu existieren und umgekehrt. Das Recht des letzteren hört aber im Postrecht erst mit der Aushändigung auf, es könnte also das des Empfängers erst zu einer Zeit beginnen, wo er bereits das erreicht hat, worauf das Recht gehen soll. Umgekehrt aber: das Recht des Absenders müßte aufhören, so-

---

[1] A. a. O. S. 462.

[2] A. a. O. S. 34.

bald das des Empfängers beginnt; dagegen ist zu sagen, daß das Recht des Absenders vertragsmäßig nicht vor der Aushändigung aufhört, für ein Beginnen des Rechtes des Empfängers daher kein Raum ist.

Schließlich ist nicht ohne jede Bedeutung, daß die Praxis der deutschen Postverwaltung der Annahme eines Rechtes des Empfängers jederzeit widersprochen hat.[1]

Es ist hiernach ein Recht des Empfängers wie auf Aushändigung, so auf Einlegung in das Schließfach zu verneinen.

Daß der Besitz der Ablieferungsscheine den Besitz der Sendung selbst nicht bedeuten kann, ist oben (S. 48) ausgeführt. Dies folgt schon aus der dort erörterten Natur der Scheine. Aus dieser ergibt sich weiter, daß der Besitz des Ablieferungsscheines ein Recht auf Aushändigung der Sendung selbst auch nicht zu verschaffen vermag, ganz abgesehen davon, daß einem solchen dieselben Gründe entgegenstehen, die soeben ausgeführt sind; denn das Rückforderungsrecht besteht, „bis die Sendung dem Empfänger ausgehändigt ist", also auch noch, wenn die Ablieferungsscheine bzw. Paketadressen schon ausgeliefert sind.

Insbesondere ist der Ablieferungsschein nicht mit dem Frachtbrief zu vergleichen, vielmehr ist nach Hellwig[2] die den ureigentlichen Zweck der Aushändigung bildende Benachrichtigung zu vergleichen mit der nach § 68 der Eisenbahnverkehrsordnung seitens der Eisenbahn; und ebenso wie diese letztere Benachrichtigung nichts gemein habe mit der erst wichtige Rechtswirkungen erzeugenden Übergabe des Frachtbriefs, so könne auch mit letzterer die Aushändigung des Ablieferungsscheines nicht in Parallele gesetzt werden. Daß die Benachrichtigung durch Aushändigung eines Quittungsformulars geschieht, erfolgt aus praktischen Gründen, und wenn das Quittungsformular sich auf der Postanweisung oder Paketadresse zu eingeschriebenen oder Wertpaketen befindet, so daß diese selbst auch ausgehändigt werden, so erfolgt letzteres nicht um der ganzen Anweisung oder Adresse willen, — müssen sie doch nach Vollzug der Quittung oder bei

[1] Vgl. Verf. des Reichspostamts v. 19. 11. 1890 im Amtsblatt des Reichspostamts.

[2] A. a. O. S. 527.

Rückforderung der Sendung seitens des Absenders vor deren Aushändigung in die Hände der Post zurückgelangen und dort verbleiben, — sondern allein deshalb, weil abermals aus praktischen Gründen das Quittungsformular sich auf der Rückseite befindet, statt daß jedesmal erst ein besonderes, getrenntes Formular wie bei Wert- und Einschreibbriefen ausgefertigt würde. Deshalb sind auch diese Urkunden dem Frachtbrief nicht gleichzustellen; denn dieser ist eine für den Adressaten bestimmte Urkunde, die den Frachtvertrag beurkundet. Ganz besonders deutlich zeigt sich diese Verschiedenheit vom Frachtbrief, wenn aus irgendwelchen Gründen das Original der Paketadresse nicht zur Hand ist; dann wird von der Post eine „Notadresse“ ausgefertigt, die aus einem gewöhnlichen Formular besteht, das nach der auf der Sendung befindlichen Adresse ausgefüllt wird, um auf der Rückseite die Quittung des Empfängers zu erhalten.

Daß die Post die Sendung selbst nur gegen Abgabe des quittierten Ablieferungsscheines aushändigt, hat nicht die Bedeutung, daß dieser als Legitimationspapier dienen soll, sondern daß die Post kraft Gesetzes (§ 49 PG.) befreit wird, wenn nur die Quittung formell in Ordnung ist, und die Post daher keinen Anlaß hat, die Sendung länger zurückzuhalten, wenn ihr eine formell richtige Quittung auf dem von ihr zur Verfügung gestellten Formular vorgelegt wird.

Es entsteht daher nach alledem weder ein Recht auf Aushändigung der Sendung selbst, noch ein durch den Besitz des Ablieferungsscheines vermittelter Besitz an jener.

Ohne weiteres ist hiernach klar, daß die Einlegung von Benachrichtigungskarten in das Fach irgendwelche Rechtswirkungen bezüglich der hiernach dem Empfänger am Schalter auszuhändigenden Sendungen erst recht nicht haben kann, da es sich eben nur um eine reine Benachrichtigung handelt.

3. Ist der Empfänger hinsichtlich eingelegter Gegenstände dem Rückforderungsrechte des Absenders noch ausgesetzt?

Nach § 33 I PO. „kann der Absender eine Postsendung zurücknehmen oder — was dem allenthalben gleichsteht — ihre Aufschrift ändern lassen, solange sie dem Empfänger noch nicht ausgehändigt ist." In welcher Weise und mit welchem Zeitpunkte die Aushändigung im einzelnen Falle erfolgt sein muß, damit das Recht des Absenders ausgeschlossen ist, läßt § 33 I PO. offen, es kommt ganz darauf an, welcher Fall einer „Aushändigung" nach PO. vorliegt. Deshalb ist „Aushändigung" nicht immer ein äußerlich sich stets gleichbleibender Akt; beispielsweise erfolgt nach § 42 II die Aushändigung durch Einlegen in das Schließfach, während sie bei Bestellung durch eine wirkliche Übergabe von Hand zu Hand erfolgt, sei es an gewisse, von der PO. besonders bestimmte Personen, die bald im Verhältnis eines Besitzmittlers, bald eines Besitzdieners, bald in gar keinem von beiden Verhältnissen zum Adressaten stehen, bei gewöhnlicher Abholung wieder in einer anders geregelten Übergabe. Die postrechtlichen Wirkungen, die sich an die erfolgte „Aushändigung" knüpfen, hier insbesondere die Wirkung des Ausschlusses des Rückforderungsrechtes, knüpfen sich also bald an die Übergabe, bald an einen anderen Vorgang, je nach dem Vorgang, mit dem die Aushändigung als geschehen anzusehen ist. Falsch wäre es daher, Übergabe an den Empfänger im Sinne des BGB. und Aushändigung der PO. zu identifizieren. Letztere erfolgt oftmals durch diese Übergabe; möglicherweise aber ist ein Brief nach Postrecht ausgehändigt, ohne daß eine Übergabe an den Empfänger im Sinne des BGB. stattgefunden hat (z. B. Aushändigung an den Hauswirt oder Pförtner oder den Vorstand einer Krankenanstalt, sofern dem bestellenden Boten der Zutritt zu dem Kranken nicht gestattet wird). Die Aushändigung ist also ein postrechtlicher Begriff und Akt, der nur für die Frage maßgebend ist, wann die Post die ihr bezüglich des auszuhändigenden Gegenstandes obliegenden Vertragspflichten erfüllt hat, und dessen Wirkungen rein postrechtlich und grundsätzlich die gleichen sind, mag es sich um Aushändigung durch Übergabe oder Einlegung in ein Fach handeln, verschieden aber nur dann sind, je nachdem eine Sendung oder zunächst nur ein Ablieferungsschein ausgehändigt wird. Für die Besitz- und Eigentumsfrage entscheidet die Tatsache, daß eine Sendung oder ein Ablieferungsschein „ausgehändigt" ist, gar nichts.[1] Ausgehändigt ist daher eine

[1] Zutreffend Reichardt S. 25.

Sendung oder ein Ablieferungsschein bzw. eine Paketadresse, wenn der Gegenstand auf eine postordnungsmäßig geregelte Art und Weise dem Empfänger so zugänglich gemacht ist, daß der Gegenstand nach dem gewöhnlichen Lauf der Dinge dem Empfänger zu Händen kommen muß.

Bis zu welchem Zeitpunkt hat der Absender das Rückforderungsrecht der Sendung, wenn der Empfänger ein Schließfach inne hat? Es ist zu scheiden zwischen gewöhnlichen Sendungen, die selbst eingelegt werden (I), und Sendungen mit Ablieferungsscheinen, bei denen nur letztere zur Einlegung gelangen (II).

I. Nach der vorangestellten Bestimmung des § 33 I PO. in Verbindung mit § 42 II PO. ist festzustellen, daß gewöhnliche Sendungen im Schließfachverfahren „ausgehändigt" sind im eben umschriebenen Sinne mit der Einlegung in das Fach, daß demnach die Aushändigung noch nicht erfolgt ist, solange nicht die Einlegung geschehen ist, und daß, da die Aushändigung durch Einlegung erfolgt, mit dem Momente der Einlegung die „Aushändigung" vorliegt. Also entfällt das fragliche Recht des Absenders mit der Einlegung in das Fach.

Diesen Schlußfolgerungen kann nicht der Umstand entgegengesetzt werden, daß unter Umständen die eingelegten Sendungen von der Post nachträglich zu bestellen sind, nämlich, wenn nicht binnen der Frist des § 42 VIII das Fach vom Empfänger geleert wird. Der Vertrag mit dem Absender ist an sich regelmäßig erfüllt mit der Einlegung, die Sendung ist ausgehändigt, dem Rückforderungsrecht des Absenders dadurch ein Ziel gesetzt. Stellt sich allerdings heraus, daß der Empfänger nicht rechtzeitig abholt, so zeigt sich, daß die Einlegung sich nur als ein des gewollten und regelmäßig erreichten Erfolges entbehrender Versuch darstellt. Bis zu diesem Momente hat die Post weder das Recht noch die Pflicht, sich weiter in irgend einer Weise mit den Sendungen zu befassen — vorausgesetzt, daß auch die nur dienstinstruktionelle Nachprüfung der Fächer auf richtige Einlegung erfolgt ist. Liegen aber die Sendungen über den gewissen Zeitraum hinaus im Fache, so wird die durch die Einlegung geschehene Aushändigung als nicht erfolgt angesehen und die Sendung bestellt. Den Grund zu dieser Bestimmung wird man wohl hauptsächlich darin sehen können, daß der Absender eine gewisse Gewähr dafür haben soll, daß die Sendungen dem Adressaten zu Händen kommen, gerade wenn die Post durch Abmachungen mit letzterem von gewissen, ihr an sich dem Absender gegenüber obliegenden Verpflichtungen entbunden wird.

Die Folgerung, die sich aus der Auffassung ergibt, daß die regelmäßigen postrechtlichen Wirkungen der Einlegung in jenen Fällen als nicht eingetreten angesehen werden, die Post vielmehr nun durch Bestellung erst noch auszuhändigen hat, wäre, daß in der Zeit, während deren die Sendungen dem Fache wieder entnommen, aber noch nicht bestellt sind, dem Absender das Rückforderungsrecht wieder zustehe, als wäre es gar nicht aufgehoben gewesen. Ich trage kein Bedenken, diese Konsequenz zu ziehen, deren Besonderheit in einem der Seltenheit eines solchen Falles entsprechenden Verhältnis steht. Tatsächlich kann ja während dieser gewiß nur sehr kurzen Spanne Zeit die Aushändigung gar nicht als erfolgt angesehen werden, vielmehr sind die postrechtlichen Wirkungen der einmal erfolgten Aushändigung völlig aufgehoben.

Da der Empfänger durch die Einlegung bereits Eigentum an den Sendungen erlangt, könnte man versucht sein, das Rückforderungsrecht bereits deshalb als ausgeschlossen zu erachten. Bezüglich dieser Frage behauptet Petschek:[1] Da das Rückforderungsrecht des Absenders sich nicht auf sein Eigentum, sondern auf den mit der Post geschlossenen Vertrag stütze, könne die PO. ersteres gewähren zu einer Zeit, wo nach Zivilrecht das Eigentum auf den Adressaten bereits übergegangen sei und umgekehrt. Dem schließt sich Reichardt[2] an.

Der „umgekehrte Fall“, daß Rückforderung ausgeschlossen sein kann, ohne daß Eigentum übergegangen ist, trifft ohne weiteres zu (vgl. S. 98). Dagegen muß es als völlig ausgeschlossen erscheinen, daß in den Fällen der Bestellung und der gewöhnlichen Abholung der Fall eintreten könne, daß das Rückforderungsrecht noch bestehe trotz erfolgten Eigentumsüberganges.

[1] A. a. O. S. 91.
[2] A. a. O. S. 26.

Denn die das Ende des Rückforderungsrechtes herbeiführende postrechtliche Aushändigung kann vor dem Eigentumsübergang und ohne solchen zu bewirken erfolgen, sie kann mit ihm zusammenfallen, sie kann aber nie zeitlich hinter ihm liegen. Denn durch welchen Akt könnte früher als durch eine Aushändigung mittels Übergabe im Sinne des BGB. vom Empfänger der Besitz erlangt werden? Mit einem Beispiel seine Behauptung zu belegen, unterläßt PETSCHECK. Das Schließfachverfahren konnte er nicht im Auge haben, da es zur Zeit des Erscheinens seiner Schrift — 1895 — ein solches nach der PO. noch nicht gab. Aber auch das Schließfachverfahren ist zum Belege von PETSCHECKs Behauptung nicht zu verwerten — abgesehen von dem Falle, daß eine eingelegte, also bereits dem Empfänger gehörige Sache bestellt werden muß und, ehe es dazu kommt, vom Absender gerade noch rechtzeitig zurückgefordert wird. Doch kann an diesen Fall PETSCHECK noch gar nicht gedacht haben.

Der Fall, den er im Auge gehabt haben könnte, dürfte der ganz eigenartig von ihm allein konstruierte folgende sein. Er behauptet[1] nämlich: „Wenn der vom Zustellungsorte abwesende Adressat die Nachsendung des Briefes fordert, so geht auch vor der Zustellung (soll heißen Aushändigung durch Übergabe) Eigentum auf ihn mit dem Zeitpunkte des Einlangens am Bestimmungsorte über, da die Post in diesem Augenblick zufolge des ihr vom Adressaten erteilten Auftrages für ihn zu detinieren beginne.“ Diese Konstruktion ist völlig unhaltbar. Die Post hat auf Grund ihres Vertrages mit dem Absender die Sendung in die Hände des Adressaten zu bringen, nicht nur an den zunächst genannten Bestimmungsort; dies erhellt deutlich aus § 44 I: „Hat der Empfänger seinen Aufenthalts- oder Wohnort verändert und ist sein neuer Aufenthalts- oder Wohnort bekannt, so werden gewöhnliche und eingeschriebene Briefsendungen und Postanweisungen nachgesendet, wenn nicht er oder der Absender eine andere Bestimmung getroffen hat.“ Beförderung nur bis zum erstgenannten Bestimmungsorte ist die Post nur dann schuldig, wenn der Absender, oder auch der Empfänger, es aus-

---

[1] A. a. O. S. 91.

drücklich durch Ausschluß der Nachsendung verlangt, sonst ist sie ohne weiteres zur Nachsendung verpflichtet. Ist der Adressat verzogen, so liegt ihr die Pflicht ob, nachzufragen, ob sein Aufenthalt bekannt ist. Eines Auftrages des Empfängers bedarf es gar nicht; ein solcher liegt auch nicht vor, wenn der Empfänger der Post mitteilt: „Ich wohne vom .... ab in der .... straße 19." Andererseits darf sogar ein förmlicher „Auftrag" des Empfängers gar nicht ausgeführt werden, wenn der Absender Nachsendung ausgeschlossen hat (§ 44 III). Jedenfalls führt die Post die weitere Beförderung auch ausschließlich dem Absender aus, in Erfüllung der ihr diesem gegenüber aus den Postverträgen obliegenden Verpflichtung. Solange aber dies durch den Vertrag begründete Rechtsverhältnis andauert, besitzt die Post für den Absender und ist kein Raum dafür, daß sie für den Empfänger „detiniert".

Theoretisch ist nun zwar die Behauptung PETSCHECKs nicht unrichtig, da sie sich auf den Grundsatz stützt, daß die Post sich um etwa eintretende Rechtswirkungen zwischen Absender und Empfänger nicht kümmert, praktisch aber werden weitere Fälle als der von mir oben erwähnte nicht aufzufinden sein. Allerdings genügt dies, den Satz zu begründen, daß der Ausschluß des Rückforderungsrechtes nach der Einlegung nicht auf die Tatsache des erfolgten Eigentumsüberganges zu stützen sei, sondern allein auf die postrechtlichen Grundsätze.

In der Praxis wird sich allerdings der Beamte vielleicht nicht bedenken, eine eingelegte Sendung dem Absender noch zurückzugeben, da er ja noch zu den Sendungen gelangen kann. Postordnungsmäßig wäre es zweifellos nicht, wenn es geschähe. Ersatzansprüche — selbstverständlich könnten nur solche des Absenders in Frage kommen — müssen aber unbedingt als ausgeschlossen angesehen werden; denn Verlust oder Beschädigung des § 6 PG. liegt für den Absender nicht vor, jedenfalls aber stehen ihm, da es nur gewöhnliche Sendungen sind, die selbst eingelegt werden, schon aus diesem Grunde keine Ansprüche zu. Die Tatsache des Eigentums des Empfängers aber kommt für die Post nicht in Betracht; dieser mag sich mit Besitzansprüchen gegen den Absender wenden. Die Post leistet grundsätzlich dem Empfänger unter keinen Umständen Ersatz.

II. Sendungen mit Ablieferungsscheinen. Es ist schon hervorgehoben, daß die Einlegung der Scheine bzw. Paketadressen weder im Punkte der Aushändigung eine weitere postrechtliche Wirkung auf die Sendung selbst ausübt, noch auch etwa eine Wirkung bezüglich der Besitzfrage. Die Sendung selbst ist vielmehr noch nicht ausgehändigt, die Aushändigung erfolgt erst, wenn die Sendung auf Vorzeigung und Abgabe der allein ausgehändigten Ablieferungsscheine bzw. Paketadressen verabfolgt bzw. der Postanweisungsbetrag ausgezahlt wird. Es steht daher dem Absender, auch wenn die Scheine bereits durch Einlegung in das Schließfach ausgehändigt sind, unzweifelhaft das Rückforderungsrecht noch zu. Mit Recht hält HELLWIG[1] dies durch §§ 19 VIII, 45 I 5 PO. für schlagend bewiesen.

Es fragt sich, ob der Empfänger auch die bereits dem Fache entnommenen Ablieferungsscheine zurückgeben muß, wenn darauf der Absender sein Recht ausübt? Da ihm der Besitz an Scheinen zu Wert- und Einschreibbriefen überhaupt nicht in Eigentumsübertragungsabsicht übertragen wird, muß er diese in jedem Fall zurückgeben. Aber auch hinsichtlich Postanweisungen und Paketadressen ist das gleiche zu sagen, da diese nach § 20 VIII bzw. § 12 IX PO. mit der Einlieferung in das Eigentum der Post übergehen; daß in ihrer Aushändigung an den Empfänger unter keinen Umständen die Absicht einer Eigentumsübertragung liegt, zeigt deutlich der Zusatz, daß jene Formulare auch dann zurückgegeben werden müssen, wenn das Paket oder die Postanweisungssumme nicht angenommen oder auf Auszahlung der letzteren verzichtet wird.

Zweifelhaft kann erscheinen, ob auch der „Abschnitt", falls dieser bereits abgetrennt worden ist, zurückgegeben werden muß, was für den Empfänger wegen der unter Umständen darauf befindlichen Mitteilungen oder Willenserklärungen von Bedeutung ist. Nach § 12 IX PO. kann der Empfänger ihn „bei Annahme des Paketes abtrennen und behalten"; in § 20 VII heißt es über den Postanweisungsabschnitt: „Die Auszahlung erfolgt gegen Quittung auf der Postanweisung. Der Abschnitt kann vom Emp-

---

[1] A. a. O. S. 533. — Ebenso DAMBACH, a. a. O. S. 50.

fänger abgetrennt und zurückbehalten werden". Insoweit liegt also in der Verschaffung des Besitzes der Postanweisung seitens der Post deren Absicht, Eigentum an dem mit der Postanweisung als wesentlichen Bestandteil verbundenen und deshalb durch Einlieferung ihr gehörigen Abschnitt, falls dieser vom Empfänger abgetrennt wird, zu übertragen, jedoch nur unter der Bedingung, daß das Paket angenommen wird bzw. die Postanweisungssumme zur Auszahlung gelangt. Denn in § 12 IX bezieht sich das condicionale „bei Annahme" zweifellos auch auf „behalten", während die Abtrennung im Abholungsverfahren allerdings meist schon vor der Abholung und damit der Annahme erfolgt. Kann es zur Annahme bzw. Auszahlung nicht kommen, weil der Absender inzwischen zurückgefordert hat, so tritt die Bedingung nicht ein, unter der das Eigentum an dem abzutrennenden oder abgetrennten Abschnitt übergehen soll; dieser ist darum unbedingt zurückzugeben. Auch für den abgetrennten Abschnitt der Postanweisung ergibt sich dasselbe aus den Bestimmungen in § 20 VII PO.

4. Der Zeitpunkt des Zuganges der in Schließfachsendungen enthaltenen Willenserklärungen.

Nach § 130 BGB. wird eine Willenserklärung, die einem anderen gegenüber abzugeben ist, wenn sie in dessen Abwesenheit abgegeben wird, in dem Zeitpunkt wirksam, in dem sie ihm „zugeht". Wie Endemann[1] treffend bemerkt, ist dieser Ausdruck des Gesetzes farblos; es kommt ihm in der Rechtssprache eine feste terminologische Bedeutung nicht zu und es hat durch Anwendung dieses Ausdruckes nur die Empfangstheorie ihre gesetzgeberische Sanktion erfahren sollen. Es ist daher in jedem einzelnen Falle wieder zu fragen, mit welchem Vorgang denn jener Zeitpunkt eingetreten ist. So auch im Falle der Abholung von Postsendungen, sowohl im gewöhnlichen Abholungs-, wie im Schließfachverfahren. Dabei ergeben sich noch Modifikationen bezüglich der einzelnen Arten Sendungen. Denn es ist ohne weiteres klar, daß in beiden Arten des Abholungsverfahrens für den Zugang der in gewöhnlichen

---

[1] A. a. O. S. 277 Anm. 1.

Sendungen enthaltenen Willenserklärungen möglicherweise andere Zeitpunkte maßgebend sein könnten als bei Wert- und Einschreibsendungen, bei denen zunächst nur die Ablieferungsscheine abgeholt bzw. in das Fach eingelegt werden, während gewöhnliche Sendungen sogleich ausgehändigt bzw. eingelegt werden.

Als eine letzte Gruppe postalischer Gegenstände, die zur Übermittlung von Erklärungen benutzt werden können, stellen sich die Postanweisungen und Paketadressen dar, die im gewöhnlichen Abholungsverfahren ebenfalls wie gewöhnliche Sendungen ausgehändigt bzw. im Schließfachverfahren wie solche eingelegt werden. Diese äußerlich völlig mit dem Verfahren mit gewöhnlichen Sendungen übereinstimmende tatsächliche Behandlung dieser beiden einlegfähigen Gegenstände gestattet, sie hinsichtlich der Frage, wann die auf ihnen befindlichen Willenserklärungen dem Empfänger zugegangen sind, den gewöhnlichen Sendungen gleichzustellen; denn für diese Frage kommt nur der die Erklärung tragende „Abschnitt" in Betracht, der nach HELLWIG[1] „eine mit der Adresse verbundene Postkarte ist, welche die Post ohne weiteres Entgelt mit zu transportieren übernehme".

Den Zeitpunkt des Zugehens der Erklärungen genau festzustellen, ist deshalb von besonderer Wichtigkeit, weil die Sendungen unter Umständen bedeutend später, als sie bei Bestellung in die Hände des Empfängers gelangt wären, von diesem abgeholt bzw. dem Schließfach entnommen werden, sehr oft aber auch umgekehrt. Nach § 42 VIII Nr. 4 PO. werden die lagernden Gegenstände — darunter sind, wie sich aus den weiteren Bestimmungen des § 43 III ergibt, nur sämtliche gewöhnlichen Sendungen und sämtliche Ablieferungsscheine und Paketadressen verstanden — bestellt, wenn sie nicht am Tage nach dem Eingang abgeholt werden; hier kann also die Verzögerung des Empfanges gegenüber der Bestellung 2 Tage betragen. Noch viel schwerer fällt ins Gewicht, daß nach § 43 III Wert- und Einschreibsendungen erst am 8. Tage nach Abholung des Ablieferungsscheines oder nach dessen Bestellung gemäß §§ 36 I, 42 VIII (nicht VI, vgl. S. 43 Anm. 1) als unbestellbar behandelt

[1] A. a. O. S. 529.

werden; der Empfänger kann also unter Umständen 7 Tage später als bei Bestellung, und wenn er wegen Verzögerung der Abholung des Scheines diesen nach 2 Tagen bestellt erhalten hatte, sogar 9 Tage später in den Besitz der Sendung selbst gelangen.

Wann soll nun bei all diesen Möglichkeiten der Abholungsverfahren eine Mahnung, Kündigung, ein Rücktritt vom Vertrag, ein Vertragsantrag, eine Vertragsannahme usw. dem Adressaten zugegangen sein? Insbesondere, wenn etwa der Empfänger absichtlich, weil ihm die betreffende Erklärung unangenehm ist, die Abholung bzw. Entnahme aus dem Fache so lange verzögert, daß eine etwa gesetzte Frist abgelaufen ist, wenn er den Brief tatsächlich behändigt erhält?[1]

In der Literatur findet sich die Frage des Zugehens von Erklärungen im Abholungsverfahren berührt bei Dernburg[2] mit der Bemerkung:

„Rathenau, DJZ. 1902, S. 147, untersucht den Zugang der Willenserklärungen bei abzuholenden Postsendungen. Sie sind zugegangen, wenn die Zeit der Abholung nach den Regeln eines ordnungsmäßigen Geschäftsbetriebes eingetreten ist."

Hier ist zunächst nicht klar, ob Dernburg in dem letzten Satze seine eigene Meinung hat niederlegen oder die Rathenaus kurz hat referieren wollen. In letzterem Falle stimmt der Sinn aber nicht ganz zu Rathenaus Worten:

„Der Brief (!) sei in dem Moment als zugegangen anzusehen, in welchem er, wenn er dem Empfänger durch den Postboten gebracht worden wäre, ihm zugegangen sein würde."

Im übrigen ist in Dernburgs Notiz unklar, wessen „ordnungsmäßiger Geschäftsbetrieb" gemeint ist, der Post oder des Empfängers; für beide Auffassungen gibt der Satz Sinn, aber man

[1] Die Frage der absichtlichen Vereitelung der rechtzeitigen Entgegennahme einer rechtzeitig abgegebenen Erklärung durch den Destinatär behandelt Hölder, DJZ. 1901, Nr. 10, S. 340 ff., allerdings ganz allgemein und ohne Beziehung auf die Abholung von Postsendungen. Er bekämpft die unhaltbaren und auch von Planck, a. a. O. S. 236/37 als abwegig gekennzeichneten Ausführungen Habichts über die gleichen Fälle in DJZ. 1901, S. 265 f. Hierüber im übrigen s. u.

[2] A. a. O. S. 398 Anm. 9.

kommt dabei natürlich zu ganz verschiedenen Zeitpunkten. Im ersteren Falle würde der maßgebende Zeitpunkt die Beendigung der Verteilung, d. i. $^1/_2$ Stunde nach Eingang der Posten, sein, im zweiten Falle aber würde der Zeitpunkt schwanken, je nachdem wie oft und wann der einzelne Abholer nach der Notwendigkeit des ordnungsmäßigen Geschäftsbetriebes seine Sendungen abzuholen pflegt.

RATHENAU[1] in der von DERNBURG zitierten Stelle der DJZ. erwähnt auch die Schließfächer, allerdings noch unter dem Namen letter-boxes, daher wohl noch in Unkenntnis der erst kurze Zeit vor dem Erscheinen seines Artikels erfolgten Einrichtung der Fächer durch die Reichspostverwaltung. Er stellt jedoch zur Beantwortung seiner Frage die Fälle der Abholung am Schalter und der Entleerung der letter-boxes kurzer Hand einander gleich, „weil sie auf demselben Prinzip beruhen". Dies ist anfechtbar; denn die Einlegung der Gegenstände in das Schließfach ist ein zu sehr hervortretendes Moment, als daß es nicht zum mindesten in die Erörterung zu ziehen wäre, ob es etwa als der für den Zugang der Erklärungen hier maßgebende Zeitpunkt in Frage kommt, zumal vom Standpunkte des sehr nahe liegenden Vergleiches der Fächer mit Briefkästen aus.

RATHENAU will nun für seine Ausführungen die von HÖLDER behandelten Fälle (s. o. S. 106 Anm. 1) von seiner Erörterung ausschließen und nur die Fälle im Auge haben, in denen „ohne Rücksicht auf eine bürgerlichrechtliche Verpflichtung zur Annahme der Sendung[2] eine Frist vom Augenblick der Zustellung(!) ab läuft, z. B. die einmonatliche Frist zur Erhebung des Widerspruches gegen die Eintragung eines Warenzeichens (Ges. v. 12. Mai 1894, §§ 5, 10 Abs. 3) oder der Zustellungen in

[1] „Der Zugang der Willenserklärung bei Abholung von Postsendungen", DJZ. 1902, S. 147.

[2] R. meint damit die von HABICHT (s. o. S. 106 Anm. 1) verteidigte, von HÖLDER bekämpfte Verpflichtung zur Annahme einer in einer Postsendung enthaltenen Erklärung, deren Entgegennahme der angeblich Verpflichtete eben absichtlich vereitelt oder verzögert; eine solche „Verpflichtung" besteht natürlich ipso iure nicht, mag auch der angeblich „Verpflichtete" eine Frist zur Abgabe der Erklärung seitens des Gegners gestellt haben.

Patentsachen, die den Lauf gewisser Fristen bedingen (Ausführungs-Verordn. zum Patentgesetz v. 11. Juli 1891, § 12 Nr. 2)."[1]

Sieht man näher zu, so handelt es sich in diesen Fällen überhaupt nicht um Willenserklärungen, die in jenen Briefen abgegeben werden, sondern um bloße Mitteilungen von geschehenen Tatsachen; auch ein Beschluß, durch den z. B. ein Antrag in Warenzeichensachen zurückgewiesen wird, kann nicht als eine zivilrechtliche „Willenserklärung" gegenüber dem Antragsteller aufgefaßt werden. Keinesfalls aber ist in allen diesen Fällen der „Zugang" einer Willenserklärung im Sinne des § 130 BGB. als der für den Beginn des Fristenlaufes maßgebende Zeitpunkt bestimmt worden, sondern die „Zustellung" der betreffenden Mitteilung. Zustellung hat mit jenem Zugehen nichts zu tun und ist hier rein in prozessualem Sinn gemeint, wie auf das deutlichste aus § 10 Abs. 3 hervorgeht, der für die vorher aufgeführten Fälle der Zustellung, falls diese im Inlande nicht erfolgen kann, die direkte Anwendung der Vorschriften der §§ 161, 175 CPO. (alter Fassung, 175, 192 neuer Fassung) über die Zustellung vorschreibt. Der Begriff der erfolgten Zustellung erfordert aber stets ein tatsächliches Behändigen bzw. in besonders bestimmten Fällen die Niederlegung an bestimmten Orten zwecks Abholung durch den Zustellungsempfänger, jedoch unter besonderen Kautelen dafür, daß dieser Kenntnis von der Niederlegung erhalten kann, oder endlich für gewisse Fälle die ausdrückliche gesetzliche Sanktionierung einer Fiktion. Mit dem Zugehen einer Willenserklärung haben alle von R. gemeinten Fälle nicht das mindeste zu tun. Er behandelt also nicht sowohl diese Frage, als vielmehr die, ob etwa für eine Zustellung in Warenzeichen- und Patentsachen, die teils nach eigenem Rechte jener Gesetze, teils nach der CPO. erfolgt, eine vom Gesetz nicht ausdrücklich zugelassene Ersatzzustellung möglich ist. Diese Frage aber, wann eine patentprozeßrechtliche Zustellung erfolgt ist oder als erfolgt angesehen werden kann, kann nicht entscheidend sein dafür, wann bürgerlichrechtliche Willenserklärungen zugegangen sind, ebensowenig wie die Frage, wann

[1] S. Anhang II.

Willenserklärungen in einem Einschreibbrief, der nach Abholung oder Bestellung des Ablieferungsscheines nicht alsbald oder gar nicht abgeholt wird, zugegangen sind, irgendwie maßgebend dafür sein kann, wann die nach jenen Gesetzen geforderten, eine Frist in Lauf setzenden Zustellungen in prozessualem Sinne erfolgt sind oder als erfolgt fingiert werden können; vgl. S. 120/1.

R. spricht auch tatsächlich vom „Zugehen von Willenserklärungen“ nur in der Titulierung seines Aufsatzes, im übrigen nur vom „Zugehen des Briefes, Zustellen desselben“. Er setzt also Zugehen einer Erklärung, Zugehen und Zustellen eines Briefes einander gleich, während er sich doch bei dem Zugehen einer Willenserklärung um eine Frage des materiellen Rechts, bei jenen Zustellungen in Patent- und Warenzeichensachen um eine solche des formellen Rechts handelt. Jene Fristen laufen nicht von dem Moment an, in dem, würde der Brief eine Willenserklärung enthalten, diese nach BGB. zugegangen ist, sondern in dem der Brief in prozessualem Sinne zugestellt ist.

Wollte man aber auch die Ausführungen Rathenaus von dem Standpunkt aus betrachten, daß sie über die Frage des Zugehens einer Erklärung gelten sollen, so gründet sein oben erwähntes Resultat sich doch auf eine Fiktion des Zugehens, — nach ihm müßten z. B. Erklärungen in einem nicht abgeholten Einschreibbrief, der nach 8 Tagen als unbestellbar behandelt wird, also an den Absender zurückgeht, als zugegangen angesehen werden, ein sehr bedenkliches Resultat. Über die Zulässigkeit einer Fiktion des Zugehens einer Willenserklärung s. u.

Rathenau stellt in erster Linie auf die gewöhnliche Abholung ab, es seien daher zunächst ihre Fälle kurz erörtert.

Wie oben angedeutet, sind die Willenserklärungen enthaltenden Gegenstände einzuteilen in zwei Gruppen:

1) Gewöhnliche Sendungen, Postanweisungen und Paketadressen,

2) Wert- und Einschreibbriefe, bei denen zunächst nur die Ablieferungsscheine abgeholt und ausgehändigt werden.

Rathenau zieht drei Zeitpunkte in Betracht, „in denen der Brief(!) als zugegangen(!) und damit als zugestellt(!) anzusehen ist,“ indem er zunächst nur Einschreibbriefe ins Auge faßt:

1) Abholung des Briefes,

2) Aushändigung des Ablieferungsscheines,

3) der Moment, in dem der Brief, wenn er dem Empfänger durch den Postboten gebracht worden wäre, ihm zugegangen sein würde; dieser Zeitpunkt sei im folgenden kurz als „Zeitpunkt der Bestellung“ bezeichnet.

Gegen die Ausnahme des ersten Zeitpunktes führt R. an, daß der Empfänger die Möglichkeit der Kenntnisnahme der Erklärung — hiermit deutet er auf die Voraussetzung des Zugangs einer Erklärung hin — mindestens schon dann habe, wenn er den Ablieferungsschein in den Händen habe, weiter aber hätte es der Empfänger in der Hand, die Frist durch Verzögerung der Abholung des Briefes (§ 43 PO.) nach seinem Belieben bis zu einer Woche zu verlängern, ohne daß urkundlich festgestellt werden könnte, wann sie zu laufen begonnen.

Der zweite Zeitpunkt könne deshalb nicht maßgebend sein, weil zunächst auch dieser Moment urkundlich nicht festgestellt werden könne, und der Empfänger sodann auch die Abholung des Scheines um 6 Tage verzögern könnte.[1]

Diese Begründung Rathenaus mit dem Mangel einer urkundlichen Feststellung erklärt sich aus der eigentlich seinen Gegenstand bildenden Frage nach dem Zeitpunkt der prozessualen Zustellung. Wenn es sich in Rathenaus Fällen um das Zugehen einer Willenserklärung und nicht vielmehr um einen prozessualen, gewisse Formalitäten erfordernden Vorgang handelte, wozu bedürfte es dann einer urkundlichen Feststellung, daß die Erklärung zugegangen sei? Eine Beurkundung des Zeitpunktes des Zugehens einer Erklärung zwecks dessen Feststellung und Nachweises zu fordern, wäre einfach absurd; dieser Nachweis würde in einem Prozeß auf die verschiedenste Weise geführt werden können, jedenfalls wäre der Mangel einer urkundlichen Feststellung des Zugehens doch kein Grund dafür, daß eine Willenserklärung nicht in einem gewissen Zeitpunkt zuge-

[1] Letzteres ist irrig; als einer der „lagernden Gegenstände“ des § 42 VIII Nr. 4 PO. wird der Schein schon nach Ablauf des 2. Tages der Lagerung bestellt. — Nach Postrecht gilt der Einschreibbrief mit Aushändigung des Scheines nicht als ausgefolgt.

gangen sein könnte. Hierin zeigt sich wieder deutlich die Verquickung der Frage der prozessualen, eine prozessuale Frist in Lauf setzenden Zustellung des Briefes mit der des Zugehens einer Willenserklärung.

Wegen dieser Verwirrung sind die Argumente RATHENAUS gegen die beiden ersten Zeitpunkte nicht durchschlagend. Zudem ist gar nicht klar, durch was für eine „Urkunde" er den Nachweis des Zeitpunktes erbringen will, zu dem der Brief, wenn er nicht zur Abholung bestimmt gewesen, bestellt worden wäre.

Der von R. als maßgebend angenommene dritte Zeitpunkt soll auch für gewöhnliche Briefe gelten. Für diese könnte, sagt er, nur in Frage kommen der Moment der Abholung und des Eingangs. Er fährt fort: „Daß der erstere nicht maßgebend sein kann, ergibt sich aus der Empfangstheorie; auch ein Brief, der in meinen Briefkasten an der Wohnungstür gelegt ist, ohne daß ich es weiß, ist mir zugegangen. Es bleibt also auch hier nur der — allein urkundlich nachweisbare — Zeitpunkt, in dem der Brief, wenn das Abholungsabkommen nicht getroffen wäre, mir zugegangen sein würde." Die Erörterung, warum denn der von ihm selbst als bei gewöhnlichen Sendungen in Frage kommend aufgeführte Zeitpunkt des Eingangs nicht maßgebend sein könne, unterläßt R. völlig, ebenso zieht er diesen Zeitpunkt für Einschreibbriefe ohne ersichtlichen Grund gar nicht in Betracht; und gerade der Zeitpunkt des Eingangs wird durch den Poststempel „urkundlich festgestellt"!

Wegen der erörterten Verquickung zweier durchaus verschiedenen Fragen und wegen der dabei durch das Hereinbringen der für unsere Frage ganz unmaßgeblichen „urkundlichen Feststellung" hervorgerufenen Verwirrung kann ich die Ausführungen RATHENAUS und wegen der allzu unbestimmten Ausdrucksweise DERNBURGS kann ich beider Ansichten nicht als überzeugend erachten; auch unterlassen beide eine Scheidung der Fälle von verschuldeter und unverschuldeter verspäteter Abholung, die sich als von Bedeutung erweisen wird.

Nach Hölder[1] ist eine Willenserklärung zugegangen, „wenn

---

[1] A. a. O. zu § 130 S. 292.

ihre Kenntnis nach der Regel des Lebens als eine dem Destinatär zugänglich gemachte anzusehen ist". Die einzig erforderliche, aber auch genügende Voraussetzung ist also die Zugänglichkeit, demnach etwas rein Tatsächliches; schon daraus folgt, daß diese Zugänglichkeit unter keinen Umständen fingiert werden kann. Hölders Definition erscheint mir schärfer und bestimmter als die, die auf die Möglichkeit abstellen, von der Erklärung Kenntnis zu nehmen;[1] denn es ist sehr anschaulich, wenn Hölder das Zugehen auf die Zugänglichkeit gründet, also mit einem faßbareren Begriff desselben Stammwortes den unbestimmteren erklärt. Nicht entscheidend ist der Besitz, den der Adressat etwa an den an ihn gerichteten Schreiben erlangt.[2]

Wann ist nun in den beiden Abholungsverfahren die Erklärung in den abzuholenden Gegenständen als zugänglich gemacht anzusehen?

Es kommen für die verschiedenen Gruppen von Gegenständen folgende Zeitpunkte in Betracht, unter Berücksichtigung der von Dernburg und Rathenau erwogenen Momente:

a) Gewöhnliche Abholung		b) Schließfachverfahren	
I. Gewöhnl. Sendungen, Postanw., Paketadressen	II. Wert- und Einschreibbriefe	I. Gewöhnl. Sendungen, Postanw., Paketadressen	II. Wert- und Einschreibbriefe
1. Eingang	1. Eingang	1. Eingang	1. Eingang
2. Abholung	2. Aushändigung des Scheines	2. Einlegung in das Fach	2. Einlegung des Scheines
3. Zeitpunkt der Bestellg. (s. o.)	3. Abholung der Sendung	3. Leerung des Faches	3. Leerung des Faches
4. Dernburgs Momente.	4. Zeitpunkt der Bestellung	4.–6. wie nebenstehend (a II, 4—6)	4. Abholung der Sendung
5. Empfang durch den Adressaten	5. Dernburgs Momente		5.–7. wie unter I, 4—6
	6. Empfang durch den Adressaten		

[1] Z. B. Dernburg, a. a. O. S. 398.

[2] So auch Hölder, Dernburg, Reichardt, a. a. O.

a) Der Zeitpunkt bei gewöhnlicher Abholung.

1. Mit dem Eingang der Gegenstände bei der Postanstalt ist die Erklärung dem Empfänger zweifellos noch nicht als zugänglich gemacht anzusehen. Denn es hängt von diesem Moment an noch nicht allein vom Willen und Handeln des Empfängers ab, Kenntnis zu nehmen, es muß hier vielmehr noch eine dritte Person, ein Beamter, dessen Willen und Handeln ausschlaggebend ist, tätig werden, um dem Empfänger das rechtliche Ergreifen der Erklärung zu ermöglichen. Dies tritt besonders dann sehr deutlich hervor, wenn man erwägt, daß dem Empfänger ein Anspruch auf Aushändigung nicht zusteht, daß er oder sein Bote immer gewärtig sein muß, daß ihm die Aushändigung verweigert wird, sei es auch nur, weil der Beamte von seiner Befugnis Gebrauch macht, die Legitimation des Abholenden zu prüfen, und mangels Beibringung solcher die Auslieferung verweigert. Von Zugänglichkeit kann also nach dem Eingang keinesfalls die Rede sei. Auch die Sentenz HÖLDERS[1] könnte nicht hierfür vorgebracht werden, daß nämlich die Erklärung in einem Briefe, „der mit meinem Willen zum Zwecke durch mich an einem bestimmten Orte niedergelegt ist", mir zugegangen sei. Denn eine Niederlegung seitens der Post für den Empfänger an einem von diesem bestimmten Orte erfolgt nach oder mit dem Eingang gar nicht, die Post hat vielmehr allein Besitz und Verwahrungspflicht bis zur Abholung in gleichem Umfang und aus dem gleichen Rechtsgrunde wie während der Beförderung.

2. Den Zeitpunkt der Bestellung als maßgebend zu betrachten, dagegen spricht, daß dies nur mit Hilfe einer Fiktion möglich wäre, die dahin ginge, daß die Erklärung zugänglich sei, während tatsächlich die äußere Lage des die Erklärung enthaltenden Gegenstandes, wenn der Zeitpunkt der Bestellung herangekommen ist, sich seit dem Eingang nicht im geringsten geändert hat und daß der tatsächlichen Zugänglichkeit genau dieselben Hindernisse noch entgegenstehen, die eben gekennzeichnet wurden. Wie vorher die Erklärung mangels Zugänglichkeit noch nicht vollzogen ist, so auch zur Zeit der Bestellung

[1] A. a. O. S. 292 f.

noch nicht, da kein Vorgang eingetreten ist, der diese Zugänglichkeit geschaffen hätte. Genau dasselbe gilt von dem von DERNBURG angeführten Moment, mag man nun unter „ordnungsmäßigem Geschäftsbetrieb" den der Post oder des Empfängers verstehen, also den einen oder anderen der hiernach in Betracht kommenden beiden gedachten Zeitpunkte erwägen (S. 106/7).

HÖLDER[1] wendet sich sehr bestimmt gegen die Zulässigkeit einer Fiktion des geringsten Erfordernisses der Wirksamkeit einer Erklärung, eben der tatsächlichen Zugänglichkeit. Ähnlich auch PLANCK.[2] Beide schließen diese Fiktion sogar für die Fälle aus, in denen der Destinatär absichtlich oder sonst schuldhaft verhindert, daß ihm die rechtzeitig abgegebene Erklärung rechtzeitig zugeht.[3] Ist also z. B. eine Erklärung abzugeben, für deren Entgegennahme der Destinatär eine Frist gesetzt hat, und vereitelt dieser den Zugang der an sich rechtzeitig abgesandten Erklärung, bei Abholsendungen, indem er nach Fristablauf abholt, so „fordert Treu und Glauben nur die Behandlung der Frist als einer nicht versäumten oder noch laufenden und damit nicht die Fiktion bereits erfolgter, sondern nur die Möglichkeit noch erfolgender Erklärung" (HÖLDER). Der Erklärende muß daher, um die Erklärung noch wirksam zu machen, unverzüglich alles tun, dem Destinatär auf anderem Wege, mündlich oder schriftlich oder nötigenfalls auf dem Wege des § 132 BGB. die Erklärung zugehen zu lassen; geschieht dies unverzüglich, so muß der Destinatär sich trotz Zugangs nach Fristablauf so behandeln lassen, als wenn die Erklärung innerhalb der Frist abgegeben wäre.[4] Liegt aber ein Verschulden der Verzögerung der rechtzeitigen Entgegennahme nicht vor, hat vielmehr die Erfolglosig-

[1] A. a. O.

[2] A. a. O. S. 236/37.

[3] Wenn PLANCK, a. a. O., hierbei folgendermaßen deduziert: „Der Destinatär sei zum Schadensersatz verpflichtet, dieser sei nach § 249 BGB. dadurch zu leisten, daß der Zustand hergestellt werde, der bestehen würde, wenn der zum Schadensersatz verpflichtende Umstand nicht eingetreten wäre. Dieser Zustand würde hier darin bestehen, daß die Erklärung innerhalb der Frist abgegeben wäre", so ist dies sehr künstlich und anfechtbar; er kommt aber schließlich zu HÖLDERS Ergebnis (s. u.).

[4] PLANCK, übereinstimmend HÖLDER, a. a. O.

keit der Erklärung in einem zufälligen, in der Person des Destinatärs liegenden Umstand seinen Grund, so sind sowohl diese Wege, die Erklärung trotz Fristablaufs noch zu einer rechtzeitig erfolgten zu machen, ausgeschlossen, erst recht aber ist es eine Fiktion der Zugänglichkeit, da diese sich nach BGB. nicht rechtfertigen ließe. Vielmehr hat „solche Zufälle derjenige zu tragen, welchen sie treffen, also der Erklärende, wie er ja auch den Zufall, daß ein rechtzeitig abgesandter Brief verloren geht, zu tragen hat".[1]

Im Falle eines Verschuldens des Destinatärs und unverzüglicher Nachholung der Erklärung durch den Erklärenden wird diese in dem Zeitpunkte wirksam, in dem die nachgeholte tatsächlich zugeht, sie ist nicht etwa rückwirkend als in dem Augenblicke wirksam geworden anzusehen, in dem bei rechtzeitiger Entgegennahme der zuerst abgesandten diese wirksam geworden wäre. Darin liegt der große Unterschied von den rechtlichen Folgen der von Habicht[2] verteidigten Fiktion, daß in diesen Fällen die Erklärung als in dem Augenblicke zugegangen anzusehen sei, in dem sie ohne Eintreten des Verschuldens dem Destinatär tatsächlich zugänglich gewesen und daher entgegengenommen worden wäre. Von größter Bedeutung wird dieser Unterschied bei der Frage, ob und wann ein Vertrag zustande gekommen ist, wenn die Entgegennahme der Annahmeerklärung in der bezeichneten Weise bis über den Ablauf der gesetzten Frist schuldhaft verzögert wird; der Vertrag ist erst im Augenblicke der tatsächlichen Zugänglichkeit der Erklärung geschlossen. Man denke auch an den Fall, daß der Destinatär während der Verzögerung stirbt; die Erklärung geht dann seinen Erben zu, für die der jetzt erst geschlossene Vertrag — z. B. Dienst- oder Werkvertrag — keine Geltung beanspruchen kann.

Diese allgemeinen Grundsätze, auf die Abholung von Sendungen angewandt, ergeben: Holt der Abholer schuldhaft nicht rechtzeitig ab, so hat der Erklärende die Möglichkeit, die Erklärung ihm unverzüglich auf irgend einem üblichen und angemessenen Wege

---

[1] Planck, a. a. O.

[2] DJZ. 1901, S. 265 f.; vgl. oben S. 106 Anm. 1.

noch rechtswirksam zugehen zu lassen, ohne Rücksicht auf erfolgten oder inzwischen erfolgenden Fristablauf. Auf welchem Wege geschieht dies? Sollte er davon erfahren, daß der Abholer absichtlich die Abholung verzögert oder verzögert hat, so würde er sofort die Erklärung anderweit an ihn abgehen lassen müssen; gewöhnlich aber wird er nichts erfahren, dann erfolgt das nachträgliche, rechtzeitige Zugehen mit dem Zeitpunkt, der sich, sobald der Destinatär den über die angemessene Zeit hinaus lagernden Gegenstand abholt, bei Abholung überhaupt als der maßgebende ergeben wird (s. u.).

Liegt eine schuldhafte Verzögerung nicht vor, so erfolgt der Zugang der Erklärung auch erst mit diesem, des näheren noch festzustellenden Augenblick, aber es entfällt die Möglichkeit, die infolge Fristablaufs verspätet zugegangene Erklärung noch zu einer rechtzeitig erfolgten zu machen.

Als dieser Zeitpunkt kommt bei der Abholung weiter in Frage:

3. Der Zeitpunkt, in dem der die Erklärung enthaltende Gegenstand dem Adressaten selbst behändigt wird, sei es am Schalter, sei es durch seinen Boten. Dagegen, daß erst die Behändigung des Gegenstandes an den Destinatär den Zugang der Erklärung bewirke, wenn jener abholen läßt, führt HÖLDER[1] unter ausdrücklicher Bezugnahme auf die Fälle der Leerung von Briefkästen mit Recht aus, daß diese Zeit, während deren die Erklärung sich in den Händen des Boten befinde, sich nur als ein vorübergehendes Hindernis der Kenntnisnahme des Destinatärs darstellt und deshalb ignoriert wird, ganz analog dem Falle, daß eine mündliche Mitteilung einer Erklärung an die in häuslicher Gemeinschaft mit dem augenblicklich abwesenden Destinatär erfolgt, diese aber gleichwohl bereits mit jenem Zeitpunkte zugegangen sei. Mit ersterer Sentenz steht die Bemerkung DERNBURGS[2] nicht in Widerspruch, daß eine Erklärung nicht zugegangen ist, die den Haus-, Geschäfts- und Familienangehörigen des Destinatärs außerhalb des Hauses oder Geschäftslokales, etwa in einem Restaurant, für diesen eingehändigt wird. Denn hier

[1] A. a. O.

[2] A. a. O. S. 398.

sind Fälle gemeint, in denen nicht von vornherein eine ausdrückliche, dauernde Beauftragung zur Empfangnahme außerhalb des Hauses vorliegt.

Nach alledem ergibt sich als der für den Zugang von Willenserklärungen maßgebende Zeitpunkt bei der Abholung gewöhnlicher Sendungen die

4. Abholung, sei es durch den Empfänger selbst, sei es durch seinen Boten. Daraus folgt, daß die Rechtsfolgen des Zugangs der Erklärungen für und gegen den Empfänger eintreten, auch wenn der Bote die Briefe unterschlägt,[1] andererseits, daß ein Vertragsantrag nicht mehr angenommen werden kann, wenn der ihn enthaltende Brief unverschuldet erst nach Ablauf der für die Annahme gesetzten Frist abgeholt wird, und daß unter gleicher Voraussetzung die Annahmeerklärung zu einem Vertragsangebot mit Fristsetzung nicht mehr das Zustandekommen des Vertrages bewirken kann. In letzteren Fällen liegt keine Härte, da diese Zufälle solche sind, die der Absender gewärtigen muß, genau wie den Verlust eines Briefes, der eine wichtige Erklärung enthält.

Hiernach ist auch für die Rechtsfolgen einer unverschuldeten Verzögerung der Abholung der Zeitpunkt der Abholung entscheidend für den Zugang der Erklärung (s. o. 2). Zu beachten ist, daß die Verzögerung nur zwei Tage betragen kann.

Durchaus im Sinne vorstehender Ausführungen hat das Oberlandesgericht Braunschweig[2] den Fall entschieden, daß eine Kündigung infolge verschuldeter verspäteter Abholung des Briefes durch den Empfänger diesem zu spät zugegangen war. Rathenau führt diese Entscheidung mit Unrecht als Stütze seines Ergebnisses an; denn jene Entscheidung geht keineswegs von einer Fiktion aus, sondern hat nur die Kündigung als trotz Fristablaufs noch rechtzeitig erfolgt angesehen, keineswegs aber in einem fingierten Zeitpunkt.

5. Für die gewöhnliche Abholung ist bei Wert- und Einschreibbriefen noch der Zeitpunkt der Aushändigung des Scheines in Betracht zu ziehen. Gegen die Annahme dieses

---

[1] Vgl. Staudinger, a. a. O. zu § 130 S. 284.

[2] Zeitschrift f. d. gesamte Handelsrecht, Bd. 34 S. 572.

Zeitpunktes ist dasselbe anzuführen wie gegen den Zeitpunkt des Eingangs. Denn der Empfänger weiß zwar, nachdem er den Schein erhalten hat, daß eine Sendung für ihn auf der Post der Abholung harrt, aber er hat keine größere Möglichkeit, die Sendung selbst in die Hände zu bekommen, als bei gewöhnlichen Sendungen, zumal ihm auch der Besitz des Scheines kein Recht auf Auslieferung verschafft. Die Sendung ist dem Empfänger nicht in höherem Maße zugänglich als gewöhnliche Sendungen, nach denen er aufs Geratewohl am Schalter fragt, ohne von ihrem tatsächlichen Lagern schon unterrichtet zu sein. Er ist genau wie bei diesen Sendungen abhängig vom Willen und Handeln einer dritten Person. Erklärungen können daher auch hier erst mit der Abholung der Sendung selbst zugegangen sein. Die Abholung kann hier um 8 Tage von der Auslieferung des Scheines an verzögert werden, letztere außerdem vorher um zwei Tage.

b) Der Zeitpunkt im Schließfachverfahren. Soweit dieselben Zeitpunkte auch hier in Frage kommen, die sich bereits als nicht maßgebend erwiesen haben, gilt allenthalben das oben Ausgeführte. Es kommen im Schließfachverfahren nun weiter in Betracht:

I. Für Sendungen der Gruppe I (gewöhnliche Sendungen, Postanweisungen, Paketadressen, vgl. S. 112 die Tabelle):

1. der Zeitpunkt der Leerung des Faches, der dem Zeitpunkt der Abholung im gewöhnlichen Abholungsverfahren entspricht. Zugänglich gemacht in dem Maße, daß es ganz allein vom Willen und Handeln des Schließfachinhabers abhängt, von der Erklärung Kenntnis zu nehmen, ist ihm diese aber bereits vorher, wenn man mit dem Zeitpunkt der Leerung den allein noch möglichen Zeitpunkt

2. der Einlegung in das Schließfach vergleicht. Denn sobald diese erfolgt ist, steht es ganz allein im Willen des Schließfachinhabers, die Sendung dem Fache zu entnehmen, der bei gewöhnlicher Abholung bis zu dieser entgegenstehende Wille eines Dritten ist hier durch die Einlegung ausgeschaltet. Wir erkennen daher in dem Zeitpunkt der Einlegung in das Schließfach den entscheidenden Zeitpunkt für den Zugang der Willenserklä-

rungen auf den zur Einlegung gelangenden Gegenständen der Gruppe I. Gestützt wird dieses Ergebnis durch die Sentenz Hölders,[1] daß sogar unabhängig vom Besitzerwerb eine Erklärung zugegangen ist, „die zum Zwecke der Abholung durch mich an einem bestimmten Orte niedergelegt ist". Hier aber hat der Destinatär sogar den Besitz an dem die Erklärung enthaltenden Gegenstande, der seitens der Post in dem zur Niederlegung beiderseitig bestimmten Schließfach niedergelegt ist.

Der Besitz allein freilich würde den Zugang keineswegs unbedingt herbeiführen; so bemerkt Reichardt,[2] es könne der Zeitpunkt, in dem die im Briefe enthaltene Willenserklärung dem Empfänger zugeht, und der, in dem das Eigentum [bzw. der Besitz] übergeht, auseinanderfallen; ähnlich Petscheck,[3] noch schärfer hebt dies Hölder hervor: „Ist die Gelegenheit zur Kenntnisnahme durch den Besitzerwerb für einen späteren Zeitpunkt begründet, so ist die Erklärung erst in diesem zugegangen." Ein solcher Fall liegt vor bei Sendungen, die zur Nachtzeit in das Schließfach gelegt werden; hier ist zwar Besitz erworben, wie oben festgestellt, die Erklärung aber noch nicht zugegangen, vielmehr bildet der erworbene Besitz nur die Grundlage dafür, daß ich in einem späteren Zeitpunkt die Gelegenheit zur Kenntnisnahme habe, nämlich in dem Zeitpunkt, mit dem mir angesonnen werden kann, daß ich das Schließfach leere, d. i., wenn mir der Raum, in dem es sich befindet, wieder offen steht.[4]

Anders bei Gegenständen, die an Sonntagen eingelegt werden; da an diesen die Schließfächer zu einem Teil des Tages zugänglich sind, so sind Erklärungen auch zugegangen, die in Gegenständen enthalten sind, die bis zum Ende der Zugänglichkeit der Fächer eingelegt sind. Denn von den Empfängern, die

---

[1] A. a. O.

[2] A. a. O. S. 26.

[3] A. a. O. S. 99 Anm. 65.

[4] Vgl. Dernburg S. 398: „Nicht zugegangen ist ein Schreiben, welches zur Nachtzeit eingelaufen ist, bis die Zeit herangekommen ist, in welcher man ordnungsmäßig von einer geschäftlichen Korrespondenz Kenntnis zu nehmen hat.

ein Schließfach mieten, ist ohne weiteres anzunehmen, daß sie dies auch deshalb tun, um auch an Sonntagen noch zu anderen Zeiten als nur durch die einmalige Bestellung zu ihren Postsachen zu gelangen, es ist daher auch zu erwarten, daß der Schließfachinhaber auch an Sonntagen sein Fach mehr als einmal leert. Im übrigen verlieren diese Fälle an Bedeutung durch die Bestimmungen, insbesondere des BGB., über die Einwirkung von Sonn- und allgemeinen Feiertagen auf das Rechtsleben.

Werden die eingelegten Sendungen vom Absender zurückgefordert und — vertragswidrig! — ihm auch zurückgegeben, ehe sie dem Fache entnommen sind, so sind die darin enthaltenen Erklärungen gleichwohl zugegangen. Es gilt hier wieder der Grundsatz, daß sich die Post um die zwischen dem Empfänger und Absender eingetretenen Rechtswirkungen nicht kümmert.

II. Für Sendungen der Gruppe II könnte es sich nur noch fragen, ob bei diesen, Wert- und Einschreibbriefen, etwa die Einlegung des Scheines den Zugang der Erklärung bewirke. Daß dies nicht zutrifft, erhellt ohne weiteres daraus, daß der Empfänger sogar dann, wenn er den Schein tatsächlich dem Fache schon entnommen hat, hinsichtlich der Zugänglichkeit nicht anders gestellt ist, als wenn ihm bei gewöhnlicher Abholung der Schein ausgehändigt worden wäre. Wie oben ausgeführt, kann da vom Zugang der Erklärung noch keine Rede sein. Es gilt daher für diese Sendungen im Schließfachverfahren dasselbe wie bei gewöhnlicher Abholung.

Erst recht kann natürlich die Einlegung von Benachrichtigungskarten zu nicht einlegfähigen Gegenständen auf den Zugang der Willenserklärungen keinerlei Einfluß haben.

Es gilt daher, soweit eine Einlegung der Gegenstände der Gruppe I in das Schließfach nicht erfolgt, also für nicht einlegfähige Sendungen, ebenso wie für die Gegenstände der Gruppe II über den Zugang der Willenserklärungen auch bei Vorliegen eines Schließfachabkommens allenthalben das unter a) über die gewöhnliche Abholung Ausgeführte. —

Es sei noch kurz auf die von Rathenau aufgeworfene Frage zurückgekommen, in welchem Zeitpunkt die „Zustellung“ von Einschreibbriefen erfolgt sei, von deren Zustellung an die erwähnten Fristen in Warenzeichen- und Patentsachen laufen. Da das Prozeßrecht eine Fiktion erfolgter Zustellung — mag auch der Brief als unbestellbar zurückkommen — nur in gesetzlich ausdrücklich bestimmten Fällen kennt, halte ich RATHENAUS Ergebnis, daß die Zustellung in dem Moment erfolgt sein soll, in dem der Brief, wenn er dem Empfänger durch die Post gebracht worden wäre, zugegangen wäre, für unhaltbar. Denn dies Resultat gründet sich auf eine Fiktion, für deren Zulässigkeit gesetzlich keinerlei Grundlage zu finden ist. Im Gegenteil: Auch bei jenen Fällen der Zustellungen in Patent- und Warenzeichensachen müssen, wenn die Rechtsfolgen der Zustellung sich an die Fiktion erfolgter Zustellung knüpfen sollen, bestimmte Voraussetzungen vorliegen — Zustellung im Auslande — und in diesen Fällen fingierter Zustellung muß dann unter Anwendung der Vorschriften der ZPO. eine Zustellungsurkunde über die Aufgabe zur Post ausgestellt werden und gilt dann die Zustellung mit der Aufgabe zur Post als bewirkt.

In sonstigen Fällen muß daher eine Fiktion erfolgter Zustellung als völlig ausgeschlossen und unzulässig erscheinen. Prozessual zugegangen sein kann in RATHENAUS Fällen der Brief erst mit der Abholung. Es kommt dabei nicht darauf an, ob der Empfänger schuldhaft oder unverschuldet die Abholung verzögert hat.

Anhang I.

Grundsätze für die Überlassung verschließbarer Abholungsfächer.

1. Mittels der verschließbaren Briefabholungsfächer (Schließfächer) können ausgegeben werden: gewöhnliche Briefsendungen jeder Art, Zeitungen, Postpaketadressen, Ablieferungsscheine zu Wert- und Einschreibbriefen sowie Postanweisungen. Sind die Sendungen mit Nachnahme behaftet oder können sie ihres Umfanges wegen nicht in die Fächer aufgenommen werden, so wird der Fachinhaber durch Einlegen einer Karte benachrichtigt, daß er sich zur Empfangnahme am Ausgabeschalter melden muß. Dasselbe geschieht bei Sendungen, die mit Porto belastet sind, wenn der Empfänger nicht das Porto stunden läßt.

Die Benachrichtigungskarten sind in der Größe und Stärke der Postkarten aus farbiger Pappe hergestellt und mit dem Vermerk „Weitere Sendungen am Ausgabeschalter" in großem Schwarzdruck versehen. Wo es notwendig ist, können auch besondere Karten für große Sendungen und für Porto- oder Nachnahmesendungen eingeführt werden. Bei Aushändigung der betreffenden Sendungen nimmt der Ausgabebeamte die Benachrichtigungskarten zurück.

2. Es ist zulässig, daß ein Abholer für einen Teil seiner Postsendungen von dem gewöhnlichen Abholungsverfahren und für einen anderen Teil von einem Schließfache Gebrauch macht oder einzelne Gattungen von Postsendungen von der Abholung überhaupt ausschließt und sich bestellen läßt, beides aber nur, soweit auch bei dem gewöhnlichen Abholungsverfahren eine Trennung nach Klassen von Sendungen zulässig ist (vgl. Bemerkungen auf der Rückseite des Formulars zur Abholungserklärung).

3. Der Antrag auf Überlassung eines Schließfachs ist schriftlich an die Postanstalt zu richten, bei der die Abholung erfolgen soll. Dem Antrage sind nachbezeichnete Erklärungen beizufügen:

a) eine gewöhnliche Abholungserklärung nach Maßgabe der darüber bestehenden Vorschriften (vgl. § 42 der Postordnung vom 20. März 1900),

b) eine Bescheinigung, in welcher der Fachinhaber den Empfang eines Exemplars dieser Grundsätze, einer „Anweisung über das bei Leerung der Schließfächer zu beobachtende Verfahren" sowie der zum Fache gehörenden Schlüssel anerkennt und die Verpflichtung übernimmt, die ihm bekannt gegebenen Vorschriften genau zu beachten und die Kosten für die durch sein Verschulden etwa erforderlich werdenden Instandsetzungen, Erneuerungen und Veränderungen des Schlosses und der Schlüssel zu tragen. Formulare zu diesen Erklärungen werden von der Postanstalt unentgeltlich verabfolgt.

4. Von dem Verluste eines Schlüssels hat der Fachinhaber alsbald der Postanstalt schriftliche Anzeige zu machen. Die Benutzung des Fachs wird alsdann ausgesetzt und das Schloß auf Kosten des Fachinhabers geändert. Die Beschaffung neuer Schlüssel durch den Fachinhaber oder seiner Leute ist verboten.

5. Für die Überlassung eines Schließfachs nebst zwei Schlüsseln wird eine jährliche Gebühr von 12 Mk. bei gewöhnlicher Größe (14 cm Höhe, 11 cm Breite, 36 cm Tiefe) und von 18 Mk. bei größerem Umfang erhoben, die vierteljährlich im voraus zu entrichten ist. Die Überlassung geschieht zunächst auf die Dauer eines Jahres. Fällt der Endpunkt nicht mit dem Ablauf eines Kalendervierteljahres zusammen, so dauert die Überlassung bis zum Ablauf des Vierteljahres. Erfolgt nicht drei Monate vorher eine schriftliche Kündigung, so verlängert sich die Überlassung auf unbestimmte Zeit unter Vorbehalt einer dreimonatigen, nur zum Ende eines Kalendervierteljahres zulässigen schriftlichen Kündigung.

6. Falls ein Fachinhaber die Überweisung von mehr als zwei Schlüsseln wünscht, hat er die Kosten für die weiteren, nur durch die Postbehörde zu beschaffenden Schlüssel besonders zu zahlen. Diese Schlüssel müssen, ebenso wie die unter 5 erwähnten beiden

Schlüssel, bei Aufgabe der Fachbenutzung ohne besondere Entschädigung der Postanstalt abgeliefert werden.

7. Wo dies nach Maßgabe des Verkehrs geboten, und nach den postalischen Einrichtungen angängig ist, werden die Fächer auch außerhalb der Schalterdienststunden dem Publikum ohne Erhöhung der Fachgebühren zugänglich gemacht. Das Nähere hierüber ergeben die Postberichte der Postanstalten und e. F. besondere Bekanntmachungen.

8. Eine Verpflichtung zur Überlassung von Schließfächern besteht für die Postverwaltung nicht. Diese ist auch berechtigt, die Überlassung eines Faches jederzeit ohne Kündigung zurückzuziehen; alsdann wird die erhobene Gebühr u. U. anteilmäßig zurückgezahlt.

Die Zurückziehung wird u. a. dann eintreten, wenn ein Fachinhaber für ihn nicht bestimmte Sendungen, die infolge unrichtiger Verteilung in seine Hände gelangt sind, wiederholt nicht sogleich zurückgegeben oder sonst gegen die erlassenen Ordnungsvorschriften wiederholt verstoßen hat und die Androhung der Zurückziehung ohne Erfolg geblieben ist.

9. Änderungen dieser Grundsätze durch Änderung der Postordnung oder Anordnung im Verwaltungswege muß sich der Fachinhaber unterwerfen.

Anhang II.

a) Aus dem Gesetze zum Schutze der Warenbezeichnung von 1894:

§ 5. Erachtet das Patentamt, daß ein zur Anmeldung gebrachtes Warenzeichen mit einem anderen, für dieselben oder für gleichartige Waren auf Grund des Gesetzes über Markenschutz vom 30. November 1874 (Reichsgesetzblatt S. 143) oder auf Grund des gegenwärtigen Gesetzes früher angemeldeten Zeichen übereinstimmt, so macht es dem Inhaber dieses Zeichens hiervon Mitteilung. Erhebt derselbe nicht innerhalb eines Monats nach der Zustellung Widerspruch gegen die Eintragung des neu angemeldeten Zeichens, so ist das Zeichen einzutragen. Im anderen Falle entscheidet das Patentamt durch Beschluß, ob die Zeichen übereinstimmen.

Aus dem Unterbleiben der im 1. Absatz vorgesehenen Mitteilung erwächst ein Ersatzanspruch nicht.

§ 10. Anmeldungen von Warenzeichen, Anträge auf Übertragung und Widersprüche gegen die Löschung derselben werden in dem für Patentangelegenheiten maßgebenden Verfahren durch Vorbescheid oder Beschluß erledigt. In den Fällen des § 5 Abs. 1 wird ein Vorbescheid nicht erlassen.

Gegen den Beschluß, durch welchen ein Antrag zurückgewiesen wird, kann der Antragsteller, und gegen den Beschluß, durch welchen Widerspruchs ungeachtet die Löschung angeordnet wird, der Inhaber des Zeichens innerhalb eines Monats nach der Zustellung bei dem Patentamt Beschwerde einlegen.

Zustellungen, welche die Eintragung, die Übertragung oder die Löschung eines Warenzeichens betreffen, erfolgen mittels eingeschriebenen Briefes. Kann eine Zustellung im Inlande nicht erfolgen, so wird sie durch Aufgabe zur Post nach Maßgabe der §§ 161, 175 ZPO. bewirkt.

b) Aus der Verordnung zur Ausführung des Patentgesetzes vom 7. April 1891 und des Gesetzes betr. den Schutz von Gebrauchsmustern vom 11. Juni 1891. — Vom 11. Juli 1891.

§ 12 Nr. 2: Für das Zustellungswesen gelten folgende Vorschriften:

1. . . . . .

2. Zustellungen, welche den Lauf sonstiger Fristen [nämlich anderer als der im § 26 Abs. 1 des Patentgesetzes bezeichneten, unter 1. geregelten] bedingen, erfolgen mittels eingeschriebenen Briefes.

Literatur.

ARNDT, Die Verfassung des Deutschen Reichs. Berlin 1895. S. 212 f.

ARNDT, Das Staatsrecht des Deutschen Reichs. Berlin 1901. S. 284 f.

ARON, Die Gesetze des Deutschen Reichs betreffend das Post-, Telegraphen- und Fernsprechwesen. Leipzig 1902.

COSACK, Lehrbuch des Handelsrechts. 1903.

DAMBACH, Das Gesetz über das Postwesen des Deutschen Reichs. 1895, und Nachtrag 1901.

DERNBURG, Die allgemeinen Lehren des bürgerlichen Rechts des Deutschen Reichs und Preußens. Halle a. S. 1902.

ENDEMANN, Einführung in das Studium des Bürgerlichen Gesetzbuchs für das Deutsche Reich. Berlin 1898.

Entscheidungen des Reichsgerichts in Zivilsachen. Bd. 35, 41, 63.

Entscheidungen des Reichsoberhandelsgerichts. Bd. 13.

FASSBENDER, JULIUS, Hat der Adressat einer Postanweisung gemäß den die Reichspost betreffenden Spezialvorschriften in Verbindung mit dem subsidiär in Betracht kommenden bürgerlichen Rechte einen Rechtsanspruch auf Aushändigung der Postanweisungssumme? Dissert. Leipzig 1903.

FROMMER, C., Über Besitz- und Eigentumserwerb im Falle der Versendung nach geltendem Recht. Dissert. Rostock 1904.

HELLWIG, Die Verträge auf Leistung an Dritte. Leipzig 1899.

HÖLDER, Kommentar zum allgemeinen Teil des Bürgerlichen Gesetzhuchs. München 1900.

KANN, Die Transportgeschäfte der Post. Dissert. Erlangen 1892.

KOMPE, Zur Lehre vom Postfrachtgeschäft. Zeitschrift für das gesamte Handelsrecht. Bd. 11, 1868, S. 7 f.

LABAND, Das Staatsrecht des Deutschen Reichs. Tübingen u. Leipzig 1901.

MAYER, OTTO, Theorie des französischen Verwaltungsrechts. S. 323 f.

MUGDAN und FALKMANN, Die Rechtsprechung der Oberlandesgerichte auf dem Gebiete des Zivilrechts. Bd. VI S. 91 f.

VON DER OSTEN, Der einfache Sachtransport nach Deutschem Reichspostrecht. Dissert. Straßburg 1883.

PETSCHECK, Das Recht an Briefen, im Archiv für bürgerliches Recht. Bd. 9, 1894, S. 85 ff.

Planck, Das Bürgerliche Gesetzbuch nebst Einführungsgesetzen. Berlin 1903.

Reichardt, Wolf, Das Recht an Briefen. Dissert. Leipzig 1905.

Schmidt, P., Das Recht des Empfängers einer Postsendung gegen die Post auf Aushändigung. Dissert. Tübingen 1898.

Schott, Das Transportgeschäft, bei Endemann, Handbuch des deutschen Handelsrechts. Bd. III S. 284 ff.

Strohal, Der Sachbesitz nach dem Bürgerlichen Gesetzbuch für das Deutsche Reich. Jena 1898.

Zorn, Das Staatsrecht des Deutschen Reichs. II S. 274 f.

Zeitschriften:

Archiv für Post und Telegraphie 1901.
Deutsche Juristenzeitung 1901 und 1902.
Deutsche Postzeitung 1905 Nr. 10.
Deutsche Verkehrszeitung 1899, 1901, 1902.
Leipziger Neueste Nachrichten 1905 Nr. 135.
Zeitschrift für das gesamte Handelsrecht, Bd. 34.

Abkürzungen:

AG. = Amtsgericht.
BGB. = Bürgerliches Gesetzbuch für das Deutsche Reich.
DJZ. = Deutsche Juristenzeitung.
ERG. = Entscheidungen des Reichsgerichts in Zivilsachen.
PG. = Gesetz über das Postwesen des Deutschen Reichs.
PO. = Postordnung für das Deutsche Reich.
ZPO. = Zivilprozeßordnung.

Verlag von **Veit & Comp.** in Leipzig

Die Erfüllung.

Von

Dr. Paul Kretschmar,

a. o. Professor an der Universität Gießen.

Erster Teil.

Historische und dogmatische Grundlagen.

gr. 8 1906. geh. 5 ℳ 40 Pf.

Lehrbuch des Handelsrechts.

Von

Dr. Karl Lehmann,

o. ö. Professor der Rechte an der Universität Rostock.

gr. 8. 1908. geh. 20 ℳ, geb. 21 ℳ 50 Pf.

Die Beschlagnahme

nach Wesen, Arten und Wirkungen.

Von

Dr. iur. Rudolf Mothes.

gr. 8. 1903. geh. 3 ℳ.

Die Haftung des Verkäufers

wegen Mangels im Rechte.

Von

Dr. Ernst Rabel,

o. Professor an der Universität Basel.

Erster Teil.

Geschichtliche Studien über den Haftungserfolg.

gr. 8. 1902. geh. 10 ℳ.

Das Lagergeschäft mit Ausschluß des Lagerscheines

nach dem Handelsgesetzbuch vom 10. Mai 1897.

Von

Dr. Johannes Schetelich.

gr. 8. 1906. geh. 3 ℳ 80 Pf.

Metzger & Wittig, Leipzig.

FSC
www.fsc.org
MIX
Papier | Fördert gute Waldnutzung
FSC® C083411

Kolibri 360 GmbH
Ferdinand-Jühlke-Straße 7
99095 Erfurt, Deutschland
produktsicherheit@kolibri360.de